認定司書論文の
たまてばこ
～図書館論文がスラスラ書ける！～

砂生絵里奈 編著
フルタハナコ 絵

認定司書論文 の たまてばこ
~図書館論文が スラスラ書ける!~

推薦のことば

　公益社団法人日本図書館協会による「認定司書」制度は、2011 年度に第 1 期認定を開始し、いまや 9 期目を迎えようとしています。この間、高度で実践的な専門性を有し、自己研鑽に励んできた 160 名に及ぶ司書が認定され、全国で活躍しています。

　本書は、こうした認定司書らによって編集、執筆された書籍として、『認定司書のたまてばこ～あなたのまちのスーパー司書～』（砂生絵里奈編著、郵研社、2017 年）に続く第二弾となります。その最初の書籍でも私は推薦文を書かせていただきましたが、その最後に、'エッセイや随想だけでなく、図書館専門職集団にふさわしく、事実と文献をもとに、客観的な論拠とデータに裏づけられ、読む人を多少なりとも納得させる「論文」を発表していくことが肝要です'と付け加えました。本書は、私なりのこの叱咤激励に見事に応える構成と内容になりました。

　認定司書の審査を受けるにあたって、申請者は図書館での職歴や研修受講歴などの履歴とともに、自ら執筆した著作、

すなわち「論文」を提出することが求められます。これら自分自身をアピールする書類一式によって個人の能力や達成度が評価される仕組みは、一般に「ポートフォリオ評価」と呼ばれます。

画一的なペーパーテストの成績ではなく、個性的で多様性を備えたポートフォリオによって評価するのは、「資格」というものが、時代とともに変化するべき評価軸をあえて固定化して機能させようとする矛盾を元々もっているからなのです。ポートフォリオによって、司書資格取得後の職場経験や図書館員としての社会活動などを加味した、いわば「司書キャリア」を概観することができます。そのポートフォリオのなかでも、大きな比重を占めるのが、本書の中心テーマである「論文」ということになります。

実は日本の認定司書制度は、近代図書館発祥の地イギリスの図書館情報専門職協会（The Chartered Institute of Library and Information Professionals,CILIP）の認定制度によく似ていますが、イギリスの認定制度でもポートフォリオ評価が採用されています。（この点については、拙著「認定司書制度のこれまでとこれから」『図書館雑誌』（109 巻6 号、2015 年、p.361-363）をご覧ください。）

そのイギリスの認定ガイドブック（K.Owen & M.Watson. Building your portfolio; The CILIP guide. 3rd ed. Facet Publishing, 2015.）を見ると、評価にあたって「エビデンスの類型」（types of evidence）が示されており、いくつか

挙げられたエビデンス（証拠）のなかに報告書や論文など著作の「抜き刷り」(extracts) が挙げられています。これは、評価を受ける人の書いたものが、その人の資質と能力を客観的に示すエビデンスの一つになるという考え方です。

　なかでも「論文」は、司書として「ふり返りながら書く」(reflective writing) ことの表現形として重要視されています。司書としてのキャリア形成において、自身の職歴や研鑽歴をふり返り、改めて問題意識を確認したうえで、解決の方向性を書き起こしてみることが、まさに「論文」につながると言えましょう。

　さて本書は、単に手っ取り早く認定司書になるためのマニュアルではないし、資格マニア向けの攻略本でもありません。司書を職業として選択した方が専門職として生きていくうえで、自身の意欲と努力をより優れた図書館サービスへと実らせ、キャリアの節目で「ふり返りながら書く」ことの意義と必要を気づかせてくれる自己啓発書なのです。

　本書を読んで、一人でも多くの司書が高度で実践的な専門性のエビデンスを携え、認定司書の扉をたたいてくださることを期待しています。

　2019 年 4 月

糸賀　雅児

（日本図書館協会認定司書審査会委員、慶應義塾大学名誉教授）

【目　次】Contents

推薦のことば …… *3*

まえがき …… *11*

第1章　きらきら認定司書の論文マニュアル …*15*

◆認定司書論文を書くために―しおりさんの場合……… *16*

　なぜ、認定司書論文を書かなければいけないのか …… *17*

　ステップ1　タイムスケジュールを組む…… *18*

　ステップ2　テーマを決める…… *20*

　ステップ3　資料を集める …… *22*

　ステップ4　構成を考える …… *24*

　ステップ5　時間のつくり方…… *26*

　ステップ6　何度も推敲…… *27*

　ステップ7　いよいよ提出…… *28*

第2章 ぴかぴか認定司書の論文体験談……… *31*

◆書きたいことが見つからない人へ

大阪府 豊中市立岡町図書館　上杉 朋子…… *32*
（日本図書館協会認定司書 第1122号）

◆地域の宝×まちづくり×公共図書館について考えた7ヶ月

山形県 新庄市立図書館　郷野目 香織…… *38*
（日本図書館協会認定司書 第1124号）

◆司書として生きること

佐賀県 伊万里市民図書館　森戸 孝子…… *45*
（日本図書館協会認定司書 第1127号）

◆つなげる

長崎県 佐世保市立図書館　田中 裕子… *51*
（日本図書館協会認定司書 第1128号）

◆定点として

愛知芸術文化センター愛知県図書館　新海 弘之…… *58*
（日本図書館協会認定司書 第1133号）

◆論文を書くまでと認定司書になってから

東京都 荒川区立ゆいの森あらかわ（中央図書館）　田野倉 真季… 65

（日本図書館協会認定司書 第 1139 号）

◆人と出会うこと

宮崎県 都城市立図書館　藤山 由香利…… 72

（日本図書館協会認定司書 第 1143 号）

◆自分にしか書けないものを書く

広島県 広島市立中央図書館　土井 しのぶ……… 77

（日本図書館協会認定司書 第 1150 号）

第3章　またたく認定司書の論文座談会……85

〈出席者〉

◆湯川 康宏

埼玉県立飯能高等学校主任司書
（日本図書館協会認定司書 第 1032 号）

◆砂生 絵里奈

埼玉県 鶴ヶ島市教育委員会生涯学習スポーツ課
（日本図書館協会認定司書 第 1060 号）

◆豊山 希巳江

千葉県 山武市成東図書館
(日本図書館協会認定司書 第 1119 号)

◆子安 伸枝

千葉県立中央図書館（現在、千葉県文書館勤務）
(日本図書館協会認定司書 第 1142 号)

■司会　大谷 康晴

(日本女子大学文学部准教授　日本図書館協会認定司書
事業委員会委員長　日本図書館協会認定司書審査会委員)

【座談会目次】

　　◆自己紹介と執筆論文のテーマ……87

　　◆テーマというハードル……91

　　◆字数はすごく議論になった……96

　　◆執筆日数はどのくらい？……99

　　◆次のハードル、材料はどのように集めるか……103

　　◆どうやって図書館の外と中をリンクさせるか……110

　　◆書くネタ集めにはどのぐらいかけているか……113

　　◆執筆の時間づくり……116

　　◆執筆場所は工夫してさまざま……118

　　◆構想は、デジタル派か、手書きの紙派か……122

　　◆図書館も悪くはないけれど……128

　　◆読者へのアドバイス……132

　　◆人と人がつながる良さ……138

第4章　まばゆい認定司書のための論文指南…*145*

◆論文的な文章の作法　大谷 康晴……*146*

第5章　きらめく認定司書の論文集 ……*157*

◆高齢化社会における図書館サービスのあり方について
　～移動図書館の可能性への考察

　森戸 孝子（佐賀県 伊万里市民図書館）……*158*

　（日本図書館協会認定司書 第 1127 号）

◆図書館と貧困―可能性を支える社会へ―

　藤山 由香利 （宮崎県 都城市立図書館）……*202*

　（日本図書館協会認定司書 第 1143 号）

　あとがき …… *227*

カバーデザイン	Ma-Yu-Ya-Ta-K
カバー・本文イラスト	フルタ ハナコ
図表制作	おちあいエミ

まえがき

　前作『認定司書のたまてばこ〜あなたのまちのスーパー司書〜』（砂生絵里奈編著、郵研社、2017 年）を出版したあと、郵研社の登坂社長より、次回作の案を出して欲しいと言われました。

　いろいろ考えた末、全国の図書館めぐりを描くしゃっぴいツアーの本と、前作で慶應義塾大学名誉教授の糸賀雅児先生が推薦文に書いていた、認定司書論文の本の 2 案を提案したところ、なんと、どちらも採用となりました。

　しゃっぴいツアーの本は『すてきな司書の図書館めぐり〜しゃっぴいツアーのたまてばこ〜』（高野一枝編著、郵研社、2018 年）として結実し重版にもなりましたが、認定司書論文の本は、どうやって進めれば良いか、どんな構成にすれば良いか悩みに悩み（サボっていたとも言えますが（笑））、すっかり遅くなっていました。

　その間、前作を読んだ方から、認定司書を目指しているけれど論文をどう書けばいいのかわからない、テーマを決める

のが難しい、書く時間はどうやって作るの? などの質問を受けることが増えてきました。これは、日本図書館協会(以下、「日図協」)の認定司書事業委員会委員の立場からも、一刻も早く取りかからなければとようやく動き始めた次第です。

　本書の対象は司書として経験を積んだ、認定司書を目指す方々ですが、関係者以外の方でも楽しく読めるように工夫してあります。

　はじめの章は誰にでもわかるように、優しいマニュアルにしました。

　第2章は、認定司書申請時にオリジナル論文を書いた人たちの体験談です。皆さん仕事のかたわら、さまざまな工夫をして論文を書き上げました。体験談には論文を書くためのヒントがぎっしり詰まっています。

　第3章は、認定司書の座談会です。日図協の認定司書審査会委員であり、認定司書事業委員会委員長でもある日本女子大学の大谷康晴先生と、4人の認定司書たちの話は、論文だけに留まらず興味深い楽しい話が飛び出して、とても盛り上がりました。

　第4章は、大谷先生の認定司書論文指南です。認定司書の制定当初から、数多の論文を見てきている大谷先生からの言葉は含蓄があります。

　第5章は、認定司書論文集です。2人の認定司書が、勇気を出して論文を提供してくれたことに、心から敬意を表しま

す。

　この本を読んで、認定司書論文を書くのは意外に簡単だとハードルが下がった方もいれば、逆に上がってしまった方もいるかもしれません。しかし、論文を書くという経験は、司書としても、人としても、大きなプラスとなるのは間違いありません。

　図書館界の活性化のために、ひとりでも多くの司書の方々が、認定司書を目指すことを心から願ってやみません。

　また、図書館の世界を知らなかった方には、本書が司書や認定司書の世界を理解し、図書館をより良く利用するための手助けになれば、これほど嬉しいことはありません。

2019年4月　　　　　　砂生　絵里奈

第1章
きらきら認定司書の論文マニュアル

認定司書論文を書くために
—しおりさんの場合—

砂生　絵里奈

埼玉県 鶴ヶ島市教育委員会生涯学習スポーツ課
（日本図書館協会認定司書 第 1060 号）

　「認定司書」とは、司書全体の研鑽努力を奨励するとともに、司書職のキャリア形成や社会的認知の向上に資することをねらいとして、司書の専門性の向上に不可欠な図書館の実務経験、実践的知識・技能を継続的に修得した方を、公立図書館や私立図書館の経営の中核を担いうる司書として、日本図書館協会が公的に認定する制度です[1]。

　認定司書になりたい！と、ある日思い立ったしおりさん。一緒にしおりさんが認定司書になるまでを追いかけてみましょう。

なぜ、認定司書論文を書かなければいけないのか

　しおりさんは、某市の図書館に勤めて 13 年目の図書館司書です。

　ある日、研修で認定司書の存在を知り、興味を持ちました。

　日本図書館協会（以下、「日図協」）のホームページで調べると、下記のとおり条件が掲載されていました。

認定要件

①地方公共団体、日本赤十字社、一般社団法人・一般財団法人の図書館の職員、又はこれに準ずる方。

②図書館法第 4 条に定める司書又は司書有資格者。

③勤務経験：

　ア　図書館法第 2 条に定める図書館（公共図書館〔公立図書館、私立図書館〕）における勤務経験の合計が、司書資格を取得した日から 10 年以上であること、又は司書資格を取得した日から公共図書館、公共図書館以外の図書館、他の類縁機関の勤務経験の合計が 10 年以上であること。

　イ　申請時において過去 10 年間のうち少なくとも 5 年は公共図書館における勤務経験を有すること。

④申請時までの 10 年間に研修受講、社会的活動等、一

定の研鑽（20 ポイント以上）を重ねていること。

⑤申請時までの 10 年間に一定の要件を満たす著作（8,000 字以上）を著していること。

⑥申請時までの 10 年間に「図書館員の倫理綱領」を遵守していること*2。

　しおりさんは、勤務経験や研修などの条件はクリアしていましたが、今まで 8,000 字以上の著作を書いたことがありませんでした。

　そこで、しおりさんは、オリジナル論文を書いて申請することにしました。

ステップ ❶ タイムスケジュールを組む

　まずはじめに、いつ認定司書の申請をするかを決めて、その時までに論文を完成させるようにタイムスケジュールを組む必要があります。

　日図協のホームページを見ると、毎年 11 月 1 日から 30 日が募集期間のようです。現在 4 月なので、しおりさんは、次ページのタイムスケジュールを組んでみました。

　仕事をしながら書くので、なるべく無理のないスケジュールにしました。

第1章 きらきら認定司書の論文マニュアル

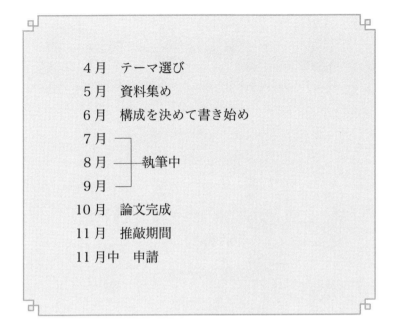

4月　テーマ選び
5月　資料集め
6月　構成を決めて書き始め
7月 ┐
8月 ├─執筆中
9月 ┘
10月　論文完成
11月　推敲期間
11月中　申請

えりな先生のここがポイント！

＊生活環境や書くスピードは人それぞれ。
　自分に合ったタイムスケジュールを
　組んでみよう！

　論文を書くにあたって、最初の難関はテーマ選びです。しおりさんの選び方を見てみましょう。

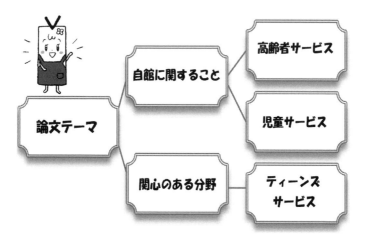

　しおりさんは、自分が勤める図書館で関わっているサービスや、特徴のあるサービス、または自分が関心を持っている分野を洗い出してみました。

　日図協ホームページの「認定司書への道」には、次のように書いてあります。

認定司書に求められる「論文」は学術論文ではありません。実務経験や業務知識にもとづいて、実践的な課題を取り上げるほうが良いでしょう。(中略)テーマ選びは、自分が直接関わる仕事と向き合いながらも、広く現在の図書館界を見渡したときに、どういう「問い」を立てて、その「問い」に自分はどんな「答え」を見いだそうとするのか、を考える作業でもあります。

　つまり、自分の仕事を相対化し、多くの図書館員の間で共有できるような「問い」へと一般化させ、それへの「答え」を自己の経験と客観的な根拠をもとに説明していくことが「論文」には求められるのです[*3]。

　しおりさんは、この中から自分にある程度興味や知識があり、さらに客観的に分析できるテーマを選びました。

えりな先生のここがポイント！

＊テーマ選びは背伸びせず、自分がよく
　知っていて興味を持っているものを選ぼう！

ステップ3 資料を集める

テーマが決まったら、それに添った資料を集めます。

司書であるしおりさんにとっては、資料集めは楽しい作業です。

論文の書き方の本には、「自分の主張を裏打ちしてくれる資料や文献、反論したい主張をうまく批判している資料や文献を集めます。さらに、逆に自分の立場と相反し、自分のとる主張に批判的なもの、自分の立場に疑問を呈してくるものも検討します[*4]。」
と書いてありました。

しおりさんは、これを念頭に置き、自分の図書館にある本、他の図書館や国立国会図書館にある本を取り寄せました。また、CiNii で論文検索しダウンロードしたり、論文が掲載されている雑誌を他の図書館から取り寄せました。

また、国立国会図書館カレントアウェアネスなどで、関連項目の最新ニュースをチェックしました。

どうしても見つからない専門的な本や雑誌は、ディープライブラリー（dlib.jp）を検索し、専門図書館に連絡して入手しました。

資料を探すためのツール例

・図書館のOPAC（蔵書検索システム）
・図書館のブラウジング（書架チェック）
・カーリル（https://calil.jp/）（全国の図書館蔵書検索）
・CiNii（https://ci.nii.ac.jp/）（日本の論文検索）
・ディープライブラリー（https://dlib.jp/）（専門図書館蔵書検索）
・国立国会図書館サーチ（http://iss.ndl.go.jp/）（国立国会図書館ほか統合検索）
・国立国会図書館リサーチナビ（http://rnavi.ndl.go.jp/rnavi/）（国立国会図書館調べもの案内）
・カレントアウェアネス（http://current.ndl.go.jp/）（図書館界、図書館情報学の最新情報サイト）
・新聞等のデータベース

えりな先生のここがポイント！

＊使えるかどうかは気にせず、あらゆるツールを使い、なるべく多くの資料を集めて目を通すこと！

ステップ4 構成を考える

　いよいよ、論文の肝である構成を考えます。論文の構成には、ある程度の決まりがあります。

　しおりさんは、基本的な論文の構成順序を調べてみました。

1　〔まえがき〕
2　目次
3　本文
　（1）序論：10％程度
　（2）本論：75〜80％
　（3）結論：10〜15％程度
4　〔付録〕
5　文献表
6　索引
7　〔あとがき〕＊5

※〔　〕内は省略可
※　短い論文であれば、目次、索引の省略可

　序論は、普段疑問に思っていることや、問題視していることを取り上げるのが良いでしょう。

結論は、序論で提起した問題に対して、自分なりに出した答えを書きます。

　そして本論は、序論の問題を結論にもっていくための議論を展開するところです。本論は集めた資料を読み込んで、章立てや展開を考えてから書き始めるのが良いと思います。また、見逃しがちですが、論文のなかで、表記や書式の統一を図ることも大切です（第1章、1、(1)、①など）。

　さらに、8,000字の論文を書くときには、10,000字くらい書いて、そこから推敲した方が、無駄や矛盾を省く余地ができ、より良い論文に仕上げることができるでしょう。

　しおりさんは、「認定司書への道」にもあるとおり、起承転結も念頭において、自分の書きたいことに添った構成を考えてみました。

えりな先生のここがポイント！

＊文献には著作権があります。
　勝手に引用することはできません。
＊末尾には必ず、引用した文献の一覧を載せること！

ステップ5 時間のつくり方

　こうして、しおりさんは、論文を書き始めましたが、仕事をしながらなので時間が無く、思うようにはかどりません。

　そこで、普段から図書館関連の雑誌などに原稿を投稿している、先輩司書の本田さんに助言を求めました。

　本田さんは、「ちょっとしたスキマ時間をみつけて少しずつ書くこと。家で書くのは集中できず誘惑も多く、なかなかむずかしいので、サードプレイス、例えば図書館やカフェなどで書くのが集中できる」とアドバイスしました。

　しおりさんは、自分の勤める図書館では、なかなか落ち着いて書けないので、仕事帰りやお休みの日に、近隣の図書館やカフェなどで書き進めました。

　サードプレイス：自宅（ファーストプレイス）でも職場（セカンドプレイス）でもない、心地の良い第三の居場所のこと。

えりな先生のここがポイント！

＊なかなか書き進められないときは、
　思い切って環境を変えてみよう！

ステップ 6 何度も推敲

　ようやくしおりさんは、大体の論文原稿を書き上げることができました。

　でも、図書館論文を書くのは初めてなので、これでよいのか不安です。何度も読み返して、文章がスムーズに読めなかったり、気になったところは直しました。

　さらに、本田さんに読んでもらったところ、本論と結論との矛盾点を指摘されました。

　本田さんからは、矛盾のあることを削除する、書き直す、章の組立を変えるなどのアドバイスがありました。

　しおりさんは、矛盾のある部分を、書き直すことにしました。しおりさんは、目線を変えるだけで矛盾点を解消できることに気づきました。

えりな先生のここがポイント！

＊より良い論文にするために、
　時間に余裕を持って推敲しよう！

ステップ7 いよいよ提出

ようやく論文が完成しました。お疲れさまでした。しおりさんは感無量です。

でも、認定司書の申請要件は、論文だけではありません。しおりさんは、日図協のホームページの認定司書申請書類記入マニュアルをよく読んで、申請書類をダウンロードして整え、11月末日に間に合うように郵送しました。

提出書類
① 「日本図書館協会認定司書」申請書（新規用）
② 履歴書（新規用）
③ 司書資格の取得を証明するもの
④ 研修受講等記録票（可能な範囲でその証明となる資料類を添付すること）
⑤ 著作リスト（その書誌事項を記載したもの）と著作物（複製物で構わない）
⑥ 返信用封筒2通（長形3号を用い、それぞれ82円切手貼付、返送先記入のこと）[*2]

しおりさんが頑張る様子を見て、本田さんは、自分も認定司書を申請したいと思いました。認定司書申請要項を確認すると、今まで投稿した雑誌の原稿で8,000字以上になりました。本田さんも、書類を整えて、認定司書の申請をしました。

翌年2月、しおりさんと本田さんは、めでたく認定の審査結果通知を受け取りました。

認定司書は、認定されてからがキャリアのスタートです。ふたりは、ワクワクする気持ちと、身が引き締まるような思いを同時に味わっていました。

えりな先生のここがポイント！

＊せっかく良い論文が書けても、申請書類が揃っていないと、却下されてしまいます。認定司書申請要項を慎重に確認しよう！

【参考文献】

＊1 認定司書事業委員会「日本図書館協会認定司書制度募集よびかけ」日本図書館協会ホームページ
http://www.jla.or.jp/committees/nintei/tabid/784/Default.aspx
（最終閲覧日：2019年3月1日）

＊2 認定司書事業委員会「認定司書申請要項」日本図書館協会ホームページ　http://www.jla.or.jp/committees/nintei/tabid/785/Default.aspx（最終閲覧日：2019年3月1日）

＊3 認定司書事業委員会「認定司書への道第2回論文の書き方（その1）」日本図書館協会ホームページ
http://www.jla.or.jp/committees/nintei///tabid/448/Default.aspx
（最終閲覧日：2019年3月1日）

＊4 河野哲也『レポート・論文の書き方入門　第4版』 慶應義塾大学出版会、2018年) p.62

＊5 同上、p.40

第2章
ぴかぴか認定司書の論文体験談

8人からのエール！

書きたいことが見つからない人へ

上杉　朋子

大阪府 豊中市立岡町図書館
（日本図書館協会認定司書 第 1122 号）

はじめに

　長く理路整然とした文章を書くことがとにかく苦手です。そんな私がどうやって認定司書申請のために論文を書いたかをこれから書きます。と、これだけ書くまでにどれくらいの時間がかかったことでしょうか。仕事が休みの土曜日の午前、今日こそ書かなくてはと PC を立ち上げました。椅子に座って窓の外を見ると勢いよく伸び放題のヤブガラシが目に入り、サンダルを履いて庭に出ました。ヤブガラシを引っこ抜いたついでに草取りを始めてしまいました。その後ブンブンと蚊が寄って来たため撤収。薬をつけて椅子に座りさて今

度こそはと PC に向かったところで、今度は家族が外出するというので水筒にお茶を入れて渡し自分も一杯飲む。あらガスレンジが汚れている、ごしごし。そういえば掃き出し窓のところの床も埃っぽかった、ごしごし。はっ！何をしているのだ私は。そしてやっとここ、というわけです。

書きたいことが見つからない

「論文」と名のつくものを書いたのは大学の卒業論文が最後、かれこれ 20 数年前のことです。テーマは覚えているものの、何を書いたのやら詳細はすでに遠い記憶の彼方。ところが、2018 年の春先に大学時代の友人と飲んでいたところ、「同期の中でいちばん熱い卒業論文だったよね」と言われました。今回、認定司書申請のために論文を書いた苦労談を書こうとして、この友人の言葉とともに大学の卒業論文のことを思い出して、当時と今回とでは苦労の種類が違っていたことに気づきました。卒業論文では「これについて書きたい！」という（無駄に）熱い思いでテーマを決めたために論拠となる資料探しに苦労しました。ところが今回の認定司書申請の論文では自分が書きたいことを見つけてテーマを決めることにいちばん苦労したのです。

そもそも私の認定司書申請の動機というのが、平成 29 年度図書館司書専門講座（以下、「専門講座」）に長期間にわたってしかも公費で参加させてもらった感謝の気持ちと、その成

果のようなものを日々の業務の中はもちろん何か別の目に見える形で表したいという、なんとも漠然としたものだったからです。まず書きたいテーマありきではなかった私がすぐに論文執筆に取りかかれるはずもなく、専門講座が終わってしばらくの間は自分に論文が書けるのか、書くならテーマは何にするのかと悩んでいました。過去に自分が担当していた業務をあれこれ思い返したり、図書館界で問題になっている最近の話題をたどってみたりしましたが、何かしっくりせずなかなか決められませんでした。

　そろそろ論文提出の期限も気になってきた頃、全国公共図書館協議会の『2015年度 公立図書館における課題解決支援サービスに関する報告書』(以下、『報告書』)に当館の「庁内仕事応援事業(行政支援サービスのこと)」について事例報告を書いたことを思い出して、やっとこのテーマなら書けそうだと思いました。論文のテーマというものは自分が大好きなことだったり、強く興味を持っていることであればベストだけれど、それだけではなく、書くための材料(資料)があることも大事なのだと気づいたのです。ここで気づかなかったら危うく卒業論文執筆時の悲劇を繰り返すところでした。同時に、図書館界に資するようなすごいことを書かなければと気負わなくても、自分の仕事が整理できて明日からの仕事に役立てることができたらそれでいいと、吹っ切ることができました。遠回りをしましたが、テーマは足元に転がっていたのでした。

ようやく取りかかったものの

　テーマが決まると材料集めを開始。『報告書』に書いた事例報告を読み返して、この時に使った資料やデータを集め直しました。次に図書館業界誌のバックナンバーなど課題解決支援サービスについて書かれたものを手当たり次第手にとって、文字通り図書館をフル活用して参考文献を集め、ひたすら読んでいきました。他自治体図書館の行政支援サービスはそれぞれ工夫されており、すぐに業務に活かせるいいテーマを選んだものだなと、ほくほくしていました。

　ところが集めた資料を読み終えたものの、いざ書くとなったら何をどう書いてよいのか分からず途方に暮れてしまいました。そこで論文の書き方の本を数冊読み[*1]、集めた資料を整理してどういう構成にするかを考えました。テーマは「行政支援サービス」から「市立図書館の行政支援サービス」に絞り、現状と課題とその解決案を書くというシンプルな形にまとめることにしました。まずテーマとして市立図書館の行政支援サービスを取り上げる意義を書く、次にこれまでの行政支援サービスがどのようなものだったかを整理して課題だと思われることを書く、当市の「庁内仕事応援事業」についても現状と課題を書く、そして最後に市立図書館の行政支援サービスは今後どのようなものであるといいと私は考えたかをまとめるというあらすじを決めて書き始めました。

完成に至るまでの果てしない道のり

　私は仕事が休みの日の午前中に、時間を作って机に向かうことにしていました。書き始めるとせっかく集めた資料や調べたことはもれなく盛り込みたくなって、文章はどんどん長くなります。とにかくいったん書き尽くしたものを少し放置し、後日あらためて読み直して修正するということを何回も繰り返しました。こうして自分では書けたと思ったところで誰かに読んでもらうことにしました。本来なら職場の人に見てもらうべきなのでしょうが、私はこっそり認定司書の申請をして、却下になったら黙ってすべてなかったことにしておくつもりでした。そこで職場の人でも図書館員でもない人に読んでもらうことにしました。

　ところが、図書館員に対してであればおそらく説明不要なこと、それも論文の本筋とは関係がないようなことも、一つひとつ説明しなくてはなりません。締め切りに間に合うだろうかとだんだん心配になってきました。しかし一方で当たり前のようにやっていた図書館業務を「そもそも何のためにやっているの？」と聞かれては答えて…を繰り返しているうちに、普段から分かりやすい説明が全く足りていなかったのだなと気づくよい機会となりました。「図書館員だけでなく誰にでも分かる親切な文章になっていない！」、「ぜひ読んでほしいという思いが文章から伝わってこない！」等々、手厳

しい指摘を受けて、くじけそうになりながらなんとか論文を書き上げました。可能であれば図書館員とそうではない人との両方に読んでもらうといいかもしれません。

おしまい

この本を手に取られた方のなかには、認定司書の申請をするために論文を書きたいけれど、書きたいことがなかなか見つからないという私のような方もいらっしゃることでしょう。普段からあれこれ考えながら業務に取り組んでいたとしても、それらを論文にできるかというと簡単にはいかないものだと私は身に沁みて感じました。それでも書かねば！と思い立ったのであれば、自分が担当している業務について書く機会を与えられた報告書、年報に載せるために集めた統計データ、他自治体の図書館からの照会とこれへの回答などが、論文の材料として使えないか考えてみてはいかがでしょうか。

テーマはあなたの足元にも転がっているかもしれません。どうしてもこれについて書きたいと思えることがなくても材料さえあればたぶん、いやきっとなんとかなるはず…。陰ながら健闘をお祈りしています。

＊１　なかでも私にとっていちばん役に立ったのは『みんなの図書館』（No.428、2012 年 12 月）の特集「図書館員の文章術」でした。

地域の宝 × まちづくり × 公共図書館について考えた7ヶ月

郷野目　香織

山形県 新庄市立図書館
（日本図書館協会認定司書 第1124号）

ゴールに向かい逆算してからのスタート

　私が認定司書の制度を知ったのは、地元・山形県で平成21（2009）年度地区別研修（北海道・東北）を受講した時に、糸賀雅児先生（認定司書審査会）が「来年度に第1期が認定されますから、皆さんも将来ぜひ目指して下さい」と新制度を紹介して下さった時です。今思えば何とラッキーな…当時は自館勤務8年目、玉川大学の通信教育部で司書資格を取得してから6年目だったので、「自分は何年後に認定司書に挑戦できるのか？」を逆算してみると、司書取得後勤務10年以上経過するのは2015年度、早くても6年先でした。

井の中の蛙から飛び出して外の世界を知りたい！ まずは日本図書館協会（以下、「日図協」）の個人会員として入会後、『図書館雑誌』を読んで認定司書の情報を知ることから開始。認定要件の内、「8,000字以上のオリジナル論文」が最大の難関になることは目に見えていたので、先に「研修受講等ポイント20点」を取ることに決めました。2011年3月の東日本大震災を経て、日図協主催の2012年度中堅職員ステップアップ研修（以下、「ステップ研修」）(1) と2014年度・2015年度ステップ研修 (2) で出会った一流の講師陣や全国の図書館員の方々のお陰で視野が広がり、論文を書く上でも大きな手応えを掴みました。

実際に論文執筆について学んだのは、2015年度ステップ研修 (2) トピック「ランクアップのための論文講座―研修成果を文字で表す―」です。大谷康晴先生による具体的な執筆ノウハウの伝授、大橋はるかさん（埼玉県 飯能市立図書館：当時　認定司書番号 第1095号）と高橋真太郎さん（鳥取県立図書館　認定司書番号 第1086号）による執筆中のエピソード披露。何よりも大橋さんと高橋さんが惜しみなく提供して下さった認定司書申請用論文は私のバイブルとなりました。この講座で起承転結の組み立てや参考文献の表記の仕方等の基礎を学んだことで、自分の中で論文を書くための核（モチベーション）が生まれました。ステップ研修 (1)(2) 修了で合計30ポイント、認定要件をクリアです。

さて、いざ論文執筆の準備を始めたのは2016年4月、

11月の認定司書申請期間まで約7ヶ月間の計画です。まずはテーマ、何を書きたいか！ 新庄市立図書館（以下、「新庄図」）は2009年度より指定管理者制度を導入しており、私は指定管理者である市民団体「一般社団法人とらいあ」（以下、「とらいあ」）の理事兼職員です。「とらいあ」が大切にしている「市民協働によるまちづくり」に、公共図書館がどのように関わっているか。そこで市内外で注目を集めており、なおかつ図書館または「とらいあ」が携わる協働活動の中から、ソーシャル・プロジェクト「kitokito MARCHE（キトキトマルシェ）」、新庄市が発祥の地である「100円（縁）商店街」、市出身の漫画家・冨樫義博氏がデザインした「新庄市公式イメージキャラクター・かむてん」を用いた商店街振興の3つを「地域の宝」として選びました。しかし活動紹介や自館の業務紹介だけでは認定要件に満たないので、自分でも地域活性化の案を模索しよう…この時に論文のタイトルを「地域の宝を活用したまちづくりにおける公共図書館の役割を考える」と付けたことで、イメージと方向性が見えました。

　ここからまた逆算して、論文全体の大体の配分を予想。「起」で新庄市と自館の概要を紹介しつつテーマ提起、「承」で3つの協働活動を紹介、「転」で地域活性化構想、「結」でテーマに対する考察で締めくくる。起1,500字＋承3,000字＋転2,000字＋結500字で何とか8,000字以上になるかなと思っていましたが、最終的には約30,000字弱で申請してい

ます。ただし、その内の半分は参考・引用文献でした（実質は約 15,000 字）。自己申告と審査会でのカウント方法が異なる可能性もあるので、オリジナル論文は規定より多めに書いた方が安心です。

自分のためのレファレンス

　素材がそろったら、次は地道で大変な情報収集です。ここでもステップ研修（2）受講が大いに役立ちました。

　「起」では内野安彦先生（認定司書審査会）から「図書館経営の基本と政策立案の方法」（2014 年度）、大石豊先生（千葉県立東部図書館　認定司書番号 第 1085 号）から「図書館サービス計画」（2015 年度）を学んだお陰で、新庄市 HP の行政情報から最新の概要・政策・統計・施策・計画・評価等を的確に探し出すことができました。「承」では自館の郷土資料をフル活用、『月刊やましん DVD（山形新聞電子縮刷版）』を検索したり、毎朝の職員ミーティングで紹介される新聞の市関連記事をチェックして各協働活動の最新情報を集めました。「転」と「結」では、新庄市をはじめ全国の図書館やまちづくり事例に関する資料を読みました。これから論文を書く方へ少しでも参考になりますよう、私が論文に明記した参考・引用文献の中から紙媒体を全てご紹介します。

1. 『図書館実践事例集〜人・まち・社会を育む情報拠点を目指して〜』 文部科学省生涯学習政策局社会教育課、2014年

2. 齋藤一成『100円商店街の魔法』商業界、2010年

3. 長坂泰之編著、齋藤一成、綾野昌幸、松井洋一郎、石上僚、尾崎弘和『100円商店街・バル・まちゼミ　お店が儲かるまちづくり』 学芸出版社、2012年

4. 渡辺安志『ラジオ新庄便』 2014年

5. 礒井純充『本で人をつなぐ　まちライブラリーのつくりかた』学芸出版社、2015年

6. 花井裕一郎『はなぼん　わくわく演出マネジメント』 文屋、2013年

7. 猪谷千香『つながる図書館－コミュニティの核をめざす試み』筑摩書房、2014年

8. 猪谷千香『町の未来をこの手でつくる　紫波町オガールプロジェクト』幻冬舎、2016年

9. クリスティー・クーンツ、バーバラ・グビン編『IFLA公共図書館サービスガイドライン　第2版－理想の公共図書館サービスのために』 山本順一監訳、竹内ひとみ、松井祐次郎、佐藤久美子、奥田倫子、清水茉有子、粟津沙耶香、小林佳廉訳、日本図書館協会、2016年

　実はテーマが決まったことで油断してしまい、これらの図書を読み始めたのは8月。仕事との両立は覚悟していまし

たが、予想外の私的事情が加わり約1ヶ月間は目の回るような忙しさに追われました。その間は自宅や職場でじっくり読む時間は取れず、出先に1冊持ち込んでは細切れに読む日々。せっぱつまったせいか、スロースターターの私は逆に集中して読めた気がしますが、申請までの期間をどんなに逆算しても何が起こるか分からないのが人生なので、余裕を持ったスケジュール作成が肝心と痛感しました。その後は数冊を同時に読み進めることで挽回し、どうにか10月にはPCでの執筆に取りかかりました。

　人によって集中できる場所は異なるでしょうが、私はもっぱら自宅で好みの音楽をかけながら執筆していました。普段は超夜型人間ですが、寝起き直後の方がアイデアがまとまり進行具合が良いと気づいてからは、早朝に起きて出勤前の約1時間半〜2時間を執筆にあてました。

　最終決戦の11月は申請書類一式を慎重に用意しながら執筆を続け、ひと通り書き上げた分を印刷して家族にも推敲してもらい、11月20日付で申請しようと一旦は郵送寸前でしたが…前夜に最終確認した論文の幾つかの体裁のズレが気になって仕事中も頭の片隅から離れません。帰宅直後に、切手まで貼っていた封筒の封を急いで破り、一晩かけて納得いくまで体裁を細かく修正して、申請締め切り8日前の2016年11月22日付で無事に郵送提出した次第です。

ゴールの先で見えてきたもの

　丸7年かけて第7期（2017年度）の日本図書館協会認定司書に認定されてからも、自分の論文を読み返す機会が度々あります。「とらいあ」の‘まちとしょ事業’企画立案のヒントにと「とらいあ」理事たちが論文を読んで下さったり、県内の認定司書第1号として山形新聞でインタビューしていただいたり（2017年7月31日付記事掲載）。論文で主張した地域活性化構想が机上の空論にならぬよう、毎日の図書館業務を丁寧に行うことで、一歩ずつまちづくりに貢献できたらと願っています。

司書として生きること

森戸　孝子

佐賀県 伊万里市民図書館
（日本図書館協会認定司書 第 1127 号）

20 年目の思い

　伊万里市民図書館が開館して 20 周年を迎えた時、私も司書として 20 年目を迎えていました。働き始めた頃、司書は 10 年で一人前とよく言われたものです。伊万里市臨時職員として採用され、次の年に非常勤嘱託司書となり、何も入っていない本棚に、市民のみなさんと一冊一冊本を配架するところからスタートしました。

　その後、市民のみなさんの思いでつくられた図書館は、市民との共働で立ち上がった図書館として、全国から多くの方々が見学に来られるようになりました。20 年前に一緒に

なって汗を流したみなさんに、今の図書館はどのように映っているのでしょうか？　私は本物の司書として成長したのだろうかと思うことがありました。

　図書館を支えた「図書館づくりをすすめる会」のみなさんは、お互いを支え合ってがんばってこられた方々です。私はたくさんの出会いとともに、図書館で育てていただきました。そして20年を経過して、これから私はどうあるべきなのか、何をすべきなのか漠然と考えるようになりました。当然のことですが正規職員と嘱託では、年数とともに仕事として、できること、できないことがあります。司書としてスキルアップしたい、力をつけたいと考えた時、認定司書になることを決めたのです。それは私にとっては大きな決断でした。

３年間の計画

　私は認定司書を申請するために、どうしたら良いのか調べました。今まで研修に参加していても、論文を書くことや講師経験などない私にとって、大変な条件が並んでいました。そこでまず３年計画で認定司書になることを決めました。日本図書館協会（以下、「日図協」）の中堅職員ステップアップ研修（以下、「ステップ研修」）(1)(2)を２年続けて受講し、３年目は論文に取り組むことに。

　自分の働く図書館でしっかり司書として生きることを意識していた私にとって、日図協へ行くということだけでも大事

件でした。申込みを緊張しながら提出した覚えがあります。しかし、自分の時間での参加ですから、こんな楽しいことはありません。私は自分の選択に後悔しないと決めていますが、この時はもっと早く受講していたらと思ったものです。

　研修の２年間は、まさに現実逃避のような楽しい時間となりました。もちろん仕事をしながら、研修前に届く課題に必死に取り組む日々は、本当に大変でした。それでも楽しかったのは、全国から集まったみんなの意識の高さ、さまざまな立場でがんばっているみんながいてくれたからです。

　ステップ研修（2）では認定司書事業委員会による「ランクアップのための論文講座」がありました。実際に認定司書おふたりの体験談もあり、とても参考になり良い刺激を受けました。

いよいよ論文に

　２年の研修を終えた３年目、論文に取り組む年になりました。書きたいテーマはすぐ決まりました。

　それは、これからの高齢化社会において、図書館サービスの原点といえる移動図書館がどのようなサービス展開ができるかということです。伊万里市民図書館には「ぶっくん」という自動車図書館が２台あり、市内を巡回しています。私は「ぶっくん」が大好きです。毎日の天候に左右され、数十分単位で移動する巡回は、想像以上に過酷な業務です。それで

も待っている人がいるところへ本を届ける、数字であらわせないサービスがそこには詰まっています。

「論文に求められる要件として図書館事例ではなく、図書館の業務，運営等図書館経営に資する内容を含むこと」（日本図書館協会認定司書審査内規　日本図書館協会　2014）とあり、その点では、かなり時間がかかることになりました。やはり、普段から書くことを重ねるべきだと痛感しました。

何を書きたいのか、何を書くべきか、最初に悩むところです。私は司書として積み重ねた経験において、全国の司書のみなさんに、今何を伝えたいかということを大切に考えました。災害や高齢化による買物弱者など、移動図書館のあり方も変わってきています。改めて図書館サービスの原点を見つめたいというところから、章立てを決め、何を書きたいのかをまずはメモに書きだすところから始めました。とはいっても、書きたい章、書けるところからです。思いがあふれるところと、なかなか書けない、浮かんでこない章などあり、時間ばかり流れて日々焦りがありました。

その頃、私事ですが父が突然の病になりました。このため、看病かたがた、これまで全ての研修において、さまざまな点で助けてくれた父のベッドの傍で、論文も書くことになりました。何をしていても頭の片隅に、いつも論文と父のことがあり、精神的にも追いつめられているようでした。そんな中でも、常に時間を意識しました。あらかじめ認定司書の申請提出日を決め、論文を書く日程を逆算して臨みました。もち

ろん仕事も忙しく、慣れない私にとって執筆は順調に進みません。取り組む時間は、平日は深夜、休日は丸一日をあてました。パソコンに直接打ち込むことと、メモに思いつくまま書いて後でまとめる方法の併用で進めていきました。メモはいつでも書けるので、ふと浮かぶことが次へのつながりになりました。

　論文を組み立てていく上で最も重視したのは、根拠となる基礎データの取捨選択でした。ただし、一年で取り組む論文に対して、今から参考資料のための実地調査の時間はありません。そこで調べたことは、全国の移動図書館の状況です。各自治体や図書館のホームページや『日本の図書館　統計と名簿2015』（日本図書館協会図書館調査事業委員会編　日本図書館協会、2016年）を調べ、そこから見えてくる何かを探す作業です。統計を分析し、問題点を見つけることにしました。全国の図書館ですから、数字ばかり並び、どこに着地したら良いか時間もかかりました。分析をしながら、書ける章から書いていきます。並行して進めることで、自分の思いと書くべきことが見えてきました。

　また地元や全国の事例を取りあげ、今後のサービス展開を考えました。一つ調べると、また新たな気づきがありました。気をつけたことは、ただの事例分析にならないこと、そこに何かの問題を見出し何のために書いているのかを事例と向き合うたびに考えました。その度に、これは本当に論文なのだろうかと不安がつきない日々でした。

みなさんへ、今伝えたいこと

　論文を書くことは、改めて自分を見つめ直す機会ともいえます。人と本、人と人をつなぐ、司書は大きな役割があります。だからこそ信頼される司書になれるよう日々努力が必要です。認定司書になっても、私はまだまだこれからです。認定司書を目指そうと思うみなさん、今、もし論文は大変そうだなあと少しでも迷うとしたら…。もちろん大変です、それでもたくさんの出会いがきっとみなさんを待っています。必ず何か収穫があり、そして違う自分が待っているはずです。何かが変わるのかではなく、自分が変わろうとすることではないでしょうか。

　認定司書を目指す理由は、人それぞれです。けれども、司書という存在を大切に思う気持ちは同じはずです。図書館に司書がいる当たり前のことを、もっと知ってもらいたいです。いつでも、伊万里市民図書館は市民のみなさんの心のよりどころであってほしいと願っています。私は、利用されるみなさんお一人お一人に寄りそう司書でありたいといつも思っています。たくさんの出会いに感謝しつつ、そして私も、次を目指して歩んでいきたいと思います。

　どこかでみなさんと出会えることを楽しみに…。

つなげる

田中　裕子
長崎県 佐世保市立図書館
（日本図書館協会認定司書 第 1128 号）

目指すもの

　司書が認定司書を目指そうと思う理由はなんでしょうか。私自身も何度か同じ質問を受けたことがあるので、論文作成話の前に、少し自分の経験を振り返ってみたいと思います。

　この制度が始まった当初、経験年数も浅かった私は自分に関わりがあるものとは思っていませんでした。その 10 年後に具体的な認定要件を知ってもなお、経験があるからといって簡単に目指せるものではないと感じました。その理由は論文というハードルです。

　社会人になってから、論文と言われるほどの長い文章を書

く機会はほとんどありませんでした。また、挑戦したところ
で非正規職員である自分自身が認定司書になることに何の意
味があるのか、その問いがずっと自分の中にあり、すぐに論
文に向き合えない日々でした。

　しかし、図書館を取り巻く環境はここ数年、私の周辺でも
大きく揺らぎました。利用者から見れば何の変化もない穏や
かな図書館で、仕事に集中できないほどの色々な出来事が立
て続けに起こりました。振り返れば、司書職制度もないまち
で、司書資格を取得してから今まで図書館との関わりが途切
れることなく、研修や社会活動においても職場内外に沢山の
繋がりができたことは奇跡的なことではなかったか。そう思
う気持ちが年々強くなっていきました。

　これまでの経験を活かし、公私ともにお世話になった方へ
の感謝の気持ちを表したい。

　また経験がある司書が公的に認定されることで、職場にお
ける司書の専門性のアピールになるのであれば、今の自分が
挑戦する意味があるかもしれない。やっとそう思えるように
なった私は、認定司書を目指す決心がつきました。

論文を書く前の経験

　私は論文への取りかかりが遅く、書き始めたのが提出期限
の 1 ヶ月前だったので、少々無謀なチャレンジとなりまし
た。しかし直前まで受けていたハードな研修での成果物が手

元にあったことが幸いでした。自分自身の経験を振り返り、図書館業務の一つひとつ、あるいは図書館員一人ひとりの働きが図書館サービスとして人々やまち全体の将来にどのように影響するのか、長期的・経営的な視点で俯瞰して考えることの重要性を学んでいたことが、認定司書を目指す気持ちを後押ししてくれました。仕事と長期間の研修との両立で心身共に限界も感じましたが、それを言い訳に先延ばしをしていたら、きっとタイミングを逃していたと思います。認定司書は気になるけれど、なかなか決心がつかない方は、少しハードな環境に身を置いてみるのもひとつの方法かもしれません。

　普段から意欲的に研修などを受けているという司書は多いと思います。研修は受けて終わりではなく、その経験を誰かと共有したり、ときには研修の運営に関わることで学びを何倍にもすることができます。というのも私自身、過去に研修会の報告などを雑誌に書いた経験があったからです。認定の論文とは比べものにならない短い文章でしたが、文章作成上の基本的なルールを確認し、校正を担当してくださる方に何度もアドバイスをいただいたその時の経験は、後々論文を作成する上で大いに役立ちました。

　いきなり雑誌に投稿するのは難しいと思われるかもしれません。そういう時は人前で話をしたり、または会議の議事録作成や図書館便りの小さな記事の作成など、考えをまとめて伝えるという経験を意識的に行うことから始めてみてはどう

でしょうか。司書としての経験は十分にあるのに、大勢の人に伝えることは不得意だと思い込んではいないでしょうか。自分の言葉で考えを伝えることは、社会人としてどんな職場においても必要とされていることだと思います。普段から窓口や職場内で色んな人と積極的に交流している司書なら、伝えるスキルはある程度持っているのではないかと思います。

テーマの探し方

　私がテーマを考えるきっかけになった出来事があります。それは当時東京で受講していた日本図書館協会（以下、「日図協」）のステップアップ研修(2)の帰り道でした。ある時、受講生仲間と認定論文の話題になりました。当時私はまだ認定司書を目指す考えを持っていませんでしたが、彼女が既に自分のテーマを持っていたことに驚かされました。これまで職場内で認定司書について話をする機会もなかったので、異なる環境で働く仲間と意見を交換すること自体が新鮮に感じられました。互いの会話の中で、自分の職場特有の課題や関心について熱心に話していることに気づき、後にそれが私の論文のテーマになりました。

　人と話をしているうちに自分の考えが整理される体験は度々あります。テーマなどに悩まれている方も、一度試されてみてはどうでしょうか。

　ほかには、既に認定司書として活躍されている方の関心分

野が参考になりました。日図協ホームページにある認定司書名簿[*1]では関心領域の一覧があるのでテーマ探しのヒントになると思います。認定司書が書かれた様々な文章を探してみるのも良いかもしれません。

論文の書き方

　私は昔から文章をまとめることが本当に苦手で、今でも長文を書く時は直ぐPC画面入力、なんてことはまずありません。ここで紹介するのも申し訳ないくらいですが、私は大学の頃から変わらず情報カード方式で文章を作成しています。テーマに関する現状や統計、今後の課題など項目ごとに分けて何枚も書き出し、内容に関連する参考文献などは同じカードにメモしておきます。カードの順序を考えながら並べて、やっと画面入力し、不要な情報があれば削除し、おわりに参考文献をつけて文を整えるという、至って地味な作業です。論文の書き方には基本的なルールがありますが、そのあたりは図書館が所蔵する書籍等でも十分確認できると思います。

　特に私が大事にしていることは、書いた直後に誰かに読んでもらうことかもしれません。自分の拙い文章を他人に見られるのはとても勇気がいることです。他人に文章を指摘されるのは大人になるとなかなか落ち込みますが、完成前であれば自分では気づかない癖などがわかり、修正できるので大変参考になります。図書館のことをよく知らない家族などに読

んでもらっても良いと思いますし、司書の仲間にお願いする方法もあるかと思います。独りよがりな視点にならないようにするために、私には必要な作業となっています。

タイミング

　人にはそれぞれ働き方があります。様々な事情で自分だけの時間を持てない方もいらっしゃると思います。今は無理でも、ここぞという時に自分の力が試せるように、どんな立場であっても自分なりに関心を持ち、考え続けることは必要だと思います。司書としての経験を重ねることで、誰しも仕事に対するさまざまな疑問が生まれると思います。私は身近で解決できない疑問を解決するために、これまで外部との繋がりを求めてきましたが、いつも自由に行動できた訳ではありません。だからこそ、やっと受講の機会を得た長期研修での学びを無駄にしたくないという思いが、そのまま論文作成へと突き進む気持ちにさせたのだと思います。その時々に自分が感じた疑問を放置しなかったこと、限られた貴重な機会を自分なりに最大限活用したことが、今の自分に繋がっているのだと思います。

　認定司書になることで、必ずしも良い変化が起こるとは限りません。しかし変化を起こしたい方にとっては、そのチャレンジがこれからの自分の支えになり得ると思います。認定は、司書にとってのゴールではありません。チャレンジして

次へのステップにしていこう、そう思えるものであって欲しいと私自身願い続けています。

＊1　認定司書事業委員会「日本図書館協会認定司書名簿」
　　http://www.jla.or.jp/Default.aspx?TabId=210
　　（最終閲覧日：2018 年 11 月 12 日）

定点として

新海　弘之

愛知芸術文化センター愛知県図書館
（日本図書館協会認定司書 第1133号）

事の始まり

　私の場合、たまたまビジネス・ライブラリアン講習会[*1]が愛知県で開催されることになり、前々から興味があったのと、その当時大学図書館にいて、時期的に大学が春休みで、勤務について多少わがままがきく時期だったので受けることにした、というのがそもそもの事の始まりです。

　その講習会の最後の課題が修了レポートであり、テーマ設定は自由だが、「講習会で得たものを基礎として独自の発想や考え方を取り入れたレポート内容」が求められており、字数は概ね4,000字程度で多少増えてもかまわない、という

のが条件でした。

　で、書いてみました。「愛知県図書館」をどうするかということについて前々から考えていたことを、「ビジネス支援という大枠」からなるべく外れないように気を付けながら。4,000字を超えたあたりで、「まずいな」とは思い、「多少」とはいったい何字ぐらいだ、内容はともかく量が多すぎて「修了証」がもらえないのはいやだな、などと心配しながら、何とか6,000字の手前で擱筆したものの、意外にも、実は書き足らないというのが正直なところでした。

　そんな不満を抱えながら、その後も特にあてもなく、いろいろな本や論文から気に入った文章を抜き出して記録したり、思いついた論点を緩いカテゴリーにまとめながらストックしたりしながら、何らかの方向性が見えてくるのを待つ時間がしばらく続きました。その時点では、認定司書申請については直近10年の勤務経験の点で解釈に迷うところもあり、また特段の思い入れもなかったので、特に意識はしていませんでした。

　そうした作業と並行して、公共図書館の現場を離れたことを契機として改めて公共図書館について勉強を始め、日本図書館協会の中堅職員ステップアップ研修（2）を受けたり、各地の公共図書館を見学（もちろんほとんど非公式）したりしていました。とはいえ、あくまで私的な研究活動？　というところです。

自分の位置を確認するための「定点」

そうこうしているうちに、純粋に自分のために、将来への準備として、常にそこに立ち返って自分の位置を確認するための「定点」となるべきものが必要であり、それはやはり文章という形で確保しておく必要があると、はっきりそう意識するようになりました。

とはいえ、やみくもに書いたところで『論語』にある「学びて思わざれば則ち罔し、思いて学ばざれば則ち殆し」を地で行くことになるのは目に見えているし、一応、何らかの評価を受けておかないと「定点」としては実に心もとない。かといって人に見せて回るは面倒だし、明らかにヘン。

ということで、まとめた「論文」を認定司書申請のためのオリジナルの著作として提出し、認定司書の認定を受けたわけですが、自分としては「認定」という形で、この「論文」における考え方が大筋において間違いないという評価を得たと解釈しています。自分自身の方向性を確認する上での「定点」としての。

今回、この本の依頼を受ける際に「趣旨としてはオリジナルで書くということへの考え方とか、自分なりの動機付け(認定司書の認定条件のクリアだけでなく)とかでしょうか。テクニカルなことは「論文の書き方」などを読めばいいと思うので」とお聞きして了解を得ましたので、認定司書の申請に

迷っている──特にオリジナル著作の執筆をハードルだと考えている──方へ、背中を押す（崖から突き落とすわけではない）意味で、自分の経験を踏まえて、以下のような「メリット」を考えてみました。

（1）締め切りがない。

　毎年、11月に申請期間が設定されていますが、それは日本図書館協会の都合上年1回という事情があるだけで、厳密には締め切りは自分で決められます。

（2）テーマは自由。

　認定司書の応募要件を満たすだけの経験があれば、日ごろの図書館員生活でひとつやふたつの問題点や改善点、これからやってみたいことなど、思いつくことがあるでしょう。

（3）文字数も自由（上限がない）。

　8,000字以上ということなので、好きなだけ書ける。字数制限は多くても少なくても面倒くさいです。

（4）内容については完全に自由（自己責任）。

　査読を受けるとか、決裁をとるとか、とりあえず提出まで人の意見や批判を気にする必要がない。もちろん、執筆内容について‘真面目に’‘前向きに’評価してくれる人がいるなら、それに越したことはありませんが。

（5）内容についてその後に生かすかどうかも自由（自己責任）。

　その後、著作で書いたこととやったことが違っても、結果

として全否定することになっても、それが正しいと思えばそれでいいし、自分が書いた内容に縛られる必要もない。内容は、よほど特殊な事情がない限り自分しか（審査員は措く）知りません。だから豹変してもわかりません。

　ここまで、ある意味「自由」が与えられた執筆条件はめったにない。しかも、

（6）一定の評価は受けることができる。

　認定司書に「認定」されるか、されないか、という結果だけではありますが。

目標を「認定司書」に置かない

　随分と「自由」を列記しましたが、でも「自由」というのはありすぎるとかえって持て余すものです。結局、それが「自分のため」だと、どう自分を納得させられるかということに尽きるのではないでしょうか。

　結論として、「論文」を書くという目標を「認定司書」に置かない、ということが一番大切だと思うのです。そもそもそこに「目標」を置いたのでは、認定によって「目標」が達成されてしまって、「論文」の寿命がそこで尽きてしまう。

　それに「認定司書」は目標たり得ないと思うのです。何かの保証になるわけでもないし（今のところ）、よく言えば、これまでの経験を総括してこれから何をやっていくか、その「目標」を見定めるための自分のための通過儀礼といったと

ころではないでしょうか。とはいえ、「覚悟」は定まります(い
い意味で)。

思いついた論点をストック

　最後に執筆上のアドバイスを（ならないかもしれません
が）。

　前述しましたが関心のある本や論文を読んだときに、気に
入ったセンテンスを書き出して（もちろん出典、ページなど
註に必要な条件も併せて）おく。思いついた論点を緩いカテ
ゴリーにまとめながらストックしておく（もちろん順不同）。
初めからアウトラインを決めようとか、起承転結がどうのと
か考えないほうがいいです。なにせすべてが「自由」なので
すから。書いていくうちに自分がこんなことを考えていたの
かとびっくりすることもあります。それこそが「気づき」で
しょう。

　結果的にテーマが複数になっても、合わせ技で受け付けて
もらえますし。題名なんて最後に（勝手に）決まります。
与えられた「自由」は享受せねば。

　で、書き溜めたものがある程度まとまった時点で「編集」
する。この辺、ワープロ機能のありがたいところです。

　せっかく機会をいただいたので、最後の最後に、日本図書
館協会認定司書事業委員会に一つお願いです。申請について
審査が終わると結果をお知らせいただけるのですが、オリジ

ナル論文で申請した申請者に対してその「論文」についての個人宛の簡単なコメントを出すことはできないでしょうか。

「一定の評価は受けることができる。」とは書きましたが、○か×かではなく、何がどう評価されたか、あるいは疑問点があればそれはどういった点であったか、それをフィードバックしていただきたい。今のところほぼ出しっぱなしですよね。

認定されなかったのであれば、再チャレンジのために。そして、「認定司書」として認定されたのであれば、「覚悟」を決めるために。

＊1　ビジネス・ライブラリアン講習会：ビジネス支援図書館推進協議会が主催する講習会
URL:http://www.business-library.jp/category/activity/subcommittee/blcourse/
（最終閲覧日：2019年3月1日）

論文を書くまでと認定司書になってから

田野倉 真季

東京都 荒川区立ゆいの森あらかわ（中央図書館）
（日本図書館協会認定司書 第1139号）

論文を書くまで

　私は東京にある公共図書館で非常勤職員として、13年間働いています。一度ほかの自治体の公共図書館へ転職をし、今の職場で働き始めてから5年目になります。2017年は2人目の子供を出産し、育児休暇を取得しました。2018年4月から職場復帰しています。2018年に認定司書になりました。

　2010年からヤングアダルトサービス研究会に所属しています。毎月の例会が渋谷で行われ、比較的参加することが多かったことから、2013年から事務局メンバーとして活動に

参加していました。例会の記録をまとめ、毎月会報を編集していました。産休に入るタイミングで、事務局メンバーからは外れています。今は送られてくる会報を読み、ヤングアダルトサービス（以下、「YA サービス」）の参考にしています。

　認定司書の論文は主に 2017 年に書いたのですが、上記にも記した通り産休・育休を取得していました。

　なぜ育休中に論文を書こうと思ったかというと、一言で言えば悔しかったからです。自分が認定司書になれるポイントが貯まったのは 2016 年の終わりでした。そのまま順調に論文を書いていれば 2017 年には認定司書になれたはずでしたが、私は 1 年間をただただダラダラと過ごしてしまい、そのチャンスを逃しました。一緒に中堅職員ステップアップ研修（2）を受講していたメンバーが認定司書として認められるのを見てはじめて、なぜ 1 年間も怠けてしまったんだと、とても悔やまれました。特に同じ職場で隣の席だった松尾絵美さん（認定司書第 1121 号）が新館準備で忙しい中論文を書き上げ、認定司書になった事にも衝撃を受け、恐れ入りました。「あぁ、次の年には絶対に何があっても書くぞ」と決意したのでした。

　論文の具体的な内容は、2017 年の春に子供を産んで少し落ち着いた 7 月頃から考え始めました。テーマは自分が仕事で携わり、研究会にも所属していた YA サービスについて書こうと思っていました。2016 年に途中まで書いた論文がありましたが、自分の気持ちが乗らない内容だったので今回

は思い切ってテーマを変え、自分がさまざまな場所の図書館を巡った中で、特に YA サービスはどのような取り組みがされているのか探っていくという内容にしました。

　研修の課題以外で論文を書くのは初めてでした。論文の書き方の参考書をいくつか読みましたが、先行研究を丹念に調べたり、学術的で難しい論文の書き方が紹介されていたので途方もなく長い道のりに思え、自分に書けるのか不安になりました。しかし、日本図書館協会のホームページに掲載されている「認定司書への道」を読み、「認定司書に求められる論文は学術論文ではありません。実務経験や業務知識にもとづいて、実践的な課題を取り上げるほうが良いでしょう[1]。」という言葉を心の拠り所にして、8,000 字への挑戦を始めました。

　まず最初に YA サービスについて書かれた論文を CiNii で探して読みました。また、ヤングアダルトサービス研究会で取り上げたテーマなどを振り返ったりもしました。並行して序論、本論、結論のおおまかな筋書きを立て、先行研究の論文の構造を参考にさせていただきながら、論文の参考書に書かれている配分はあまり気にせず、書けるところから手を付けていくというスタイルで書きました。

　自分が巡った図書館の YA サービスの取組みがどのような工夫がなされていて、それは論文や文献にもこの様に論じられている、という裏付けを確認するというような進め方で書いていきました。図書館紹介ともとれる文章なので、あまり

学術的ではなかったと思いますが、ありがたいことに許容範囲だったようです。文字数をとにかく早くクリアしたいという気持ちで、とりあえず頭に浮かんだ事をどんどん書いていきました。10月の終わり頃には書き終わり、提出書類の作成に取り掛かりました。

　論文を書く中で一番の不安は、時間が取れるかという事でした。ちょうど授乳など、子供の世話で1日が終わってしまう日々を送っていました。赤ちゃん中心の生活で時間を見つけて書くのは難しいと体感し、すぐに夫や母に助けを求めました。2人に快諾してもらい、子供が寝ている時などに面倒を任せ、別室に移り論文を書いていきました。改めて思い返しても、すぐに協力してくれた2人には感謝しきれません。

　私の場合は、論文を書こうとしてから2年目でようやく書けました。やらなくてはならない時になかなか手を付けられず、楽しく過ごしてしまう自分を恥じますが、そんな人間でも認定司書になれました。この本を手に取って論文に備えようと思っていらっしゃる方であれば、必ず書けます。今の段階からぼんやりと論文のテーマを何にするか考えておくだけでも、だいぶ違うと思います。

　私が伝えられることは自分が書こうと思えば書ける、その気合を入れるか入れないかは自分次第という当たり前の事だけかもしれません。

認定司書になり思うこと

　私は 2018 年度から職場復帰しました。地域館であった元の職場は、私が休んでいる間に中央館として機能する図書館となり、文学館、子どもひろばと一体になった大きな複合施設としてオープンしていました。図書館業務のシステムも新しく変わり、働いている仲間もたくさん増え、この職場のルールに慣れるまで時間がかかりました。復帰後 2、3 ケ月経っても知らない職場に来てしまったような気分でした。

　なんとなく心もとない気持ちになっている日々、そんな中、認定司書交付式の日がやってきました。同期となる皆さんとお会いし、スピーチの時間ではそれぞれ自分の職場で頑張っている事や、図書館で働く事への強い愛（！）をお話しされていました。それを聞いていて、自然に自分が励まされているような気持ちになりました。今、自分ができる事は少ないけれど、前に進んでいくように背中を押してもらった気がしました。

　残念ながら認定司書になったことを、職場で聞かれたことはありません。自分の環境が変わるような実感はまだありませんが、自分自身では認定司書に挑戦してとても良かったと思います。

　日々の生活の中で、どうしても子育てをしている自分に比重が大きくなってしまう時があります。そんな時、認定司書

であることは、仕事をしている自分を力強くつなぐ'錨'の
ような役割をしてくれるとよく思います。まだここにいよう、
なぜここにいたいのかという気持ちを再確認できる、心の支
えです。

　また、提出する書類を作成していく過程で、自分のこれま
で受けてきた研修などを振り返ることができたこともいい機
会でした。自分は図書館が好きなんだと、客観的にも実感し
ました（もちろん、あまたいる図書館人の中で私はまだまだ
序の口ですが）。

　今の職場で働いていると、長い経験があり自信を持って働
いている人、打ち込むものがあり、それを仕事でも折に触れ
て活かしている人、いつも利用者の立場になって考えられる
ホスピタリティあふれる人などなど、尊敬できる人が多いな
と思って働いています。

　ひとりでは気がつかなかったことに気づけたり、みんなか
ら刺激を受けて過ごせるので、得がたい良い環境だと思って
います。私はその中のひとりとして名ばかりの認定司書に
なっていないか、襟を正して仕事をしなくてはいけないと
日々思っています。まだまだ周りからいただいてばかりです
が、何か少しでもお返しができるように、これからも前に進
んでいきたいと思っています。

【引用】

＊1 認定司書事業委員会「認定司書への道第2回論文の書き方（その1）」

http://www.jla.or.jp/committees/nintei//tabid/448/Default.aspx

（最終閲覧日：2018年12月19日）

人と出会うこと

藤山 由香利

宮崎県 都城市立図書館
(日本図書館協会認定司書 第1143号)

はじまりは不安のなかから

　私にとって、認定司書を取るきっかけは、清家智子さん(宮崎県教育庁生涯学習課：当時 認定司書番号第1015号)との出会いでした。短大を卒業し司書として継続的に働きながらも、不安定な雇用形態を選ばざるをえない環境に、これからの人生を悩んでいました。

　清家さんに悩みを相談したとき、「人と出会うこと」を教えてくれたことは、私にとって大きなことでした。どうやって人とつながるのか、情報を得るのか、清家さんの見識に触

れることで、もやもやと悩んでいた働き方に光明が射した思いでした。

働き方と生き方のはざまで

そんななか、父の癌による闘病と別れを経験した私は、このままではない「何か」になりたいと考えるようになりました。どうしても辞めることができなかった司書という仕事。学歴など無いに等しいけれど、憧れる人に少しでも近づきたい。そのためには「認定司書」を取ることで、何かが変わるのではないか……と、素人考えだったと思います。

日本図書館協会の中堅職員ステップアップ研修（以下、「ステップ研修」）(1) の講座を受けることを報告し、認定司書を取得することを目指していると、清家さんに報告したときに言われたことは「認定司書を取ることを目標にしないほうが良いよ」でした。

人との出会い

よくわからないまま、大阪で開催された講座を受講し、そこで出会った講師や受講生にも同様のことを教えられました。長い司書人生を生き方として定めたのなら、「認定司書を取る」のではなく、過程にするのだと。

大阪の受講では、日頃の悩みにはじまり今興味があること

など、話して話して話しまくったことが思い出深いです。また、図書館員として必要な知識がいかに身についていないか、身につける日々を送ることが大切なことも講義を通して学びました。

　講師の皆さまが、活き活きとされていたことにも勇気と元気をもらいました。こんな風に活き活きとした人達が、図書館に関わっていたら、一緒に働く人達も元気になれるに違いない。とても及びそうにないけれど、私もその活力を生み出していきたいな、とも。

　年を明けず、東京で開催されたステップ研修（2）を受講しました。少人数で講師と向き合い、学びを深める時間を持つことができたこと。何よりもこの時の「人との出会い」は、何かを恐れるように生きていた私を変えてくれるものでした。

　特に浦安市立図書館の鈴木均さん（認定司書番号第1047号）との出会いは、忘れようもないものとなりました。図書館とは何か、図書館で働く人の存在とは何か。いまだにふと、あの問いの時間を思い出しては、黙考をくり返しています。ステップ研修（2）の受講前は、すぐに自作論文の作成を考えていましたが、大阪・東京と「人との出会い」によって、大きく考えが変わりました。何のために論文を作成するのか、自分で考えることが必要であると感じました。自分自身を省み、いままでの驕りを捨てなければ、これからの生き方を後悔してしまう。

本棚とこれからを考える日々

　翌年、移転開館する都城市立図書館の準備スタッフとして働きながら、休日に論文作成をする日々が始まりました。古い本棚に向き合いながら、新しい本棚を想像し、これからの本棚とは何かを考え続けた日々。本が好きだったことから始まった、司書としてのこれまでを、振り返る日々でもありました。

　生まれ育ったまち、通い続けた図書館の最後の準備に関わりながら、移転先の図書館ではじまろうとしている新たな図書館づくり。書庫に籠り続ける日々は、今まで経験したことのない時間であり、自ら選択した仕事であること。

　移転準備の期間は、決して順風満帆とは言えないこともありましたが、関わる人々みんなの前進する力を肌身で感じた貴重な経験でした。勤務日に論文のことを考える余裕はとても持てないほど、精神力体力も使い切っていたので、論文執筆は休日に切り替えて、時間をスケジュールする苦労はありました。

認定司書であるということ

　本が好きで、図書館が好きになりました。図書館が好きになったら、図書館を利用する人や働く人も好きになりました。

図書館にもっと情報を集めたいと考えるようになって、地域に出て人と出会うようになったら、地域に住んでいる人のことが、もっともっと好きになっていきました。

　認定司書の合格通知が届いた時、一番に感じたことは達成感ではありませんでした。先輩達が言っていた、「目標ではない」の意図が少しでも汲めているかしら？と、自らに問うています。

　認定司書を取得するまでの３年間は、私を「何か」に変えました。「何か」を得たいと考えている、司書のみなさんに私も先輩方にならって目標ではなく過程とすることをお伝えしたいです。こんな私でも「人と出会うこと」によって認定司書を取れたけど、こんな私だからこそ伝えるべきこともあるのかもしれません。これからも自分自身、不安に襲われてしまうこともあるでしょう。その不安を力に変えるために、学ぶ姿勢を忘れないでいたいです。

自分にしか書けないものを書く

土井　しのぶ

広島県 広島市立中央図書館
（日本図書館協会認定司書 第 1150 号）

はじめに

　認定司書になることで、何かメリットがあるのか、具体的に役立つものなのかという疑問があるかもしれません。私にとっては、司書として何に主軸をおいて仕事をし、今後どういう風に展開していきたいのかを考えるよい機会となりました。また、自分自身の成長と実際にサービスの向上には効果があったと思います。そして、仕事に対する意欲・モチベーションがあがったことや、司書の仕事について伝え・発信する立場に意識が変わったと思います。認定司書を申請する認定要件は、勤務経験、研修受講・社会的活動のポイントなどがありますが、自分にとって最も難しい課題で苦労したのは、

論文を書くことでした。ここに自らの体験と方法をまとめ、これから認定司書を目指される方に参考にしていただけたらと思います。

認定司書申請のきっかけ

　私が認定司書を応募しようと決心したきっかけは、糸賀雅児氏の基調講演を聞いた時でした。その当時、私は非常勤職員でしたが、自分自身が専門職であることを強く自覚し、スキルアップを図りたいと思ったのと同時に、司書の社会的地位の向上につなげたいと認定司書に挑戦することを決めました。しかし、その後、自身の事情により図書館を退職。2011年、試験を受け正規職員として中央図書館に配属され、ビジネス支援サービスを担当したことで改めて認定司書への思いを強くしました。

論文を書いて認定申請するまで

　論文の要件は、申請にあたって執筆したオリジナル著作か、申請時までの10年以内に公開した図書・雑誌記事・論文・報告書などの著作で、文字数の合計が8,000字以上であることです。

　私は、オリジナルの著作と、それまでに公開した著作を合わせて申請しました。

認定司書にチャレンジしたいと思い始めてから、テーマを決めるのに時間がかかりました。まずは、いろいろな方の著書や論文などを読んで、図書館の現況を知り、どんなテーマで論文が書かれているのかを調べました。そしてやっとテーマを決めて書いても納得がいかず、何度も論文を書き直し、最初に書き始めてから2年目にやっと申請しました。上司からは、認定司書に申請したいと決めたときから相談し、「ぜひ認定司書になって、次に誰か続くことができるように。」と応援され具体的なアドバイスもいただきました。

また、論文の書き方について悩んでいるときに、ビジネス支援図書館推進協議会主催の情報ナビゲーター交流会*1で出会った砂生絵里奈さんや、ほかの認定司書の方にもアドバイスやエールをいただきました。周囲にいる上司や認定司書の先輩の意見を聞き情報交換することが、何度も挫折しながらもモチベーションを保って申請までたどり着けた理由だと思います。

論文の書き方

それでは、テーマを設定するまでどのような過程を経たか、その方法について紹介します。

私は2011年に中央図書館に異動してから、「ビジネス支援サービス」を担当しています。「ビジネス支援サービス」とは、起業・創業などや多様なビジネスに関する情報源を求

める人々に対して提供する支援活動で、レファレンスサービスはもちろんレフェラルサービス、資料提供サービスなどを駆使して行います。このサービスで特徴的なことはふたつあり、ひとつ目はビジネス関連の情報を集約して提供すること、ふたつ目はビジネス支援活動を行っている関係機関や専門家と連携して、利用者のビジネスの実現に貢献することです。これは、市民の生活や仕事に関する課題や地域の課題の解決に向けた活動を支援する課題解決サービスのひとつです。

このサービスは、市民の生活や課題に直接寄り添うことから、「お店を開業した」など図書館のサービスが役に立っていることを成果として実感することができるので、やりがいを感じます。私はこの「ビジネス支援サービス」の図書館の役割や成果とその可能性などについて伝えたいと考え、論文を書き始めました。

ア　細分化して絞り込む

最初に考えていたテーマは、図書館についての何か大きな課題について書かなければ、と意気込み過ぎて、自分のものではない内容で、全く中身のないものになってしまいました。そこで、テーマの大枠である全般的なことから書くのではなく、書きたいと考えている内容を細分化して、さらにまた細分化して絞り込んでいきました。そして、「自分がこれまでやってきたこと」だけではなく、それを通して「これからどういう図書館にしたいのか」を書こうと思いました。そこで

私は、「ビジネス支援サービス」の課題を見つけ、細分化して、サービスの主軸にしている「ビジネス相談会」をテーマにしました。

　イ　自分にしか書けないものを書くこと
　論文を書く上でいちばん大切な事は、「自分にしか書けないもの」を書くことです。実際に業務に携わる担当者だからこそ書けるし、逆に言えば、それを書くことがいちばん人に伝わることなのだと思います。また、その書き方は、いつ、だれが、どのように、何をしたのかなどを、わかりやすく伝えることで、読み手が具体的に想像できるようにします。

　ウ　根拠と裏付けがあるものを書くこと
　テーマを決め、やっと最初に書いた論文テーマは、①「ビジネス支援サービスにおける公共図書館と利用者をつなげる方法について」でしたが、提出した論文テーマは②「広島市立中央図書館のビジネス相談会から、見えてきたこと」です。その違いは、①は「公共図書館〜」と漠然としていて、②のテーマは自館の取組みであり、具体性と根拠や裏付けが明確になるように書きました。②のテーマで書いた内容は、広島市立中央図書館が積み重ねてきたビジネス支援サービスのさまざまな取り組みについてです。ビジネス相談会の状況やアンケートを分析することなどから属性を把握し、事例などから考察し整理することで、これからのビジネス支援サービス

の課題や展望でまとめています。単にサービスの事例紹介や報告にだけで終わるのではなく、まず設定したテーマによって導き出される問いかけがあり、それを客観的に裏付けのある根拠をもとに具体的に説明して、そしてその論文を読むことで参考になる資料になるものであることが必要です。

文章の構成

ア　アウトラインの設定

論文はいきなり最初から本文を書くのではなく、論文のアウトラインから構成して書き始めます。アウトラインとは、文章を構成する目次のことで、大・中・小の項目を順番に考えることから、内容がだんだん定まってきます。私も論文を書き始める前の段階で、何度もアウトラインの設定を書きなおしました。アウトラインを設定するためには、誰に、何を、どのように、伝えたいのかを明確にしておくことが大切です。そして、現状把握から検証し、分析して課題を見つけ、解決や展望につなげていくなどの構造的な論理を立てます。

イ　読む人を説得するための裏付けの準備

論文を読む人を説得できるようにするために、心がけたことは特に３つあります。

ひとつ目は、説明する材料にするために、Ａ４１枚の紙にメモ書きをして、論文の素材を集め、整理し、まとめていき

ました。ふたつ目は、きちんとした裏付けされた数値です。検証が客観的に説明できるように実数値を集めて、それをグラフなどで「見える化」し、分析して、わかりやすく説明を加えました。具体的には「ビジネス相談会」を検証するために参加者にアンケートを取り、それを活用して分析してまとめていきました。3つ目は、利用者から連絡をもらったり、関係機関の情報やブログなどのSNSを調べたり、新聞・テレビ・雑誌などを細かくチェックするなど、常にアンテナを張って情報を収集する努力をしました。

さいごに

さいごに、司書はさまざまな業務を抱えていたり、部署や担当が変わったりして、自分のテーマを定めることが難しいと思いますが、日頃から担当業務や興味を持ったテーマについて問題意識を持ち続けることが大切だと思います。そのテーマについて情報交換や交流できるネットワークに参加すると、新しい視点や視野を広げる機会となります。それは図書館業界だけではなく、さまざまな異業種・業界の人たちとの交流もまた違った発想や新しい発見やアイデアを創造できる機会につながり、図書館のサービスを俯瞰してみる機会になると思います。

また、図書館のサービスを、外に向けてアピールしようとする意識をもつことで、一歩前に進めることができると思い

ます。たとえば私は「図書館はビジネス支援サービスで何ができるのか」ということを説明するために、サービスの見せ方を考え、努力してきました。外に向けてアピールすることは、何より自分自身がそのサービスを理解し、自信を持っていなくてはできません。

　司書の専門性とは、司書の仕事を知り外に説明できるように、意識と自信を持ち、「認定司書になろう」とする努力もまた新たなスタートになると思います。

＊1　情報ナビゲーター交流会：ビジネス支援図書館推進協議会が主催する、公共図書館と専門図書館の図書館員の交流を目的として企画
URL:http://www.business-library.jp/category/activity/subcommittee/blcourse/　（最終閲覧日：2019年3月1日）

第3章
またたく認定司書 の 論文座談会

〈出席者〉

◇**湯川 康宏**
埼玉県立飯能高等学校主任司書
(日本図書館協会認定司書 第 1032 号)

◇**砂生 絵里奈**
埼玉県鶴ヶ島市教育委員会生涯学習スポーツ課
(日本図書館協会認定司書 第 1060 号)

◇**豊山 希巳江**
千葉県山武市成東図書館
(日本図書館協会認定司書 第 1119 号)

◇**子安 伸枝**
千葉県立中央図書館(現在、千葉県文書館勤務)
(日本図書館協会認定司書 第 1142 号)

■**司会　大谷 康晴**
(日本女子大学文学部准教授
日本図書館協会認定司書事業委員会委員長
日本図書館協会認定司書審査会委員)

■自己紹介と執筆論文のテーマ

大谷 最初は自己紹介を兼ねて、審査のときに提出された論文はどんなものだったか、一通りおっしゃっていただいた上で、進めて行ったらと思います。

まず、私が認定司書事業委員長を勤めている日本女子大学の大谷です。この制度には2002年から関わっています。

それでは、認定司書になった期の順で行きましょうか。では、トップバッターの第1期の湯川さんから、よろしくお願いいたします。

湯川 私は現在、埼玉県立飯能高等学校の図書館で主任司書をしております。第1期で認定された当時は、県立図書館から派遣されて埼玉県の寄居町の図書館で副館長をやっておりました。人口3万ぐらいのまちの小さな図書館で、そこで自分がやっていることを中心に何か書こうと思いました。テーマは「中小図書館における特色あるサービスづくりへの提言」です。

自分がやってきた業務を中心にして、中小図書館を運営しようとする方に、何か参考になるものが書けないかなと考えました。自分の実践を踏まえて、サービス計画とか、中小図書館においてお金をかけないでできるような実践的なサービスをするにはどういうものがあるのかとか、どういう手順で始めていったらいいのか。それを組むためにはどういう発想

をして、どういう材料を集めていけばいいのかというのを自分の経験をもとにまとめたような内容になっております。

さっき電車の中で書いた論文を読んできたんですけど、結構まともなことを書いている（笑）。今、実は更新の時期に入っていまして、何か出さないといけないなと思って書き始めているんですけど、当時のほうが全然うまいこと書いているなと思って、ちょっと再発見しました。よろしくお願いいたします。

砂生 次は私ですね。現在、埼玉県鶴ヶ島市教育委員会生涯学習スポーツ課に勤めております。第3期の審査のときも実は図書館にいなくて、監査委員事務局に勤めていました。年数とか条件を見ていると、それでも申請できるということがわかりました。

きっかけは、湯川さんも参加していた第97回全国図書館大会多摩大会の認定司書の分科会です。たしか全体会場は東京の調布で、そこで皆さんの話を聞いていたら、自分もできるんじゃないかなという気がして、チャレンジすることに決めたのです。

論文のテーマは、「図書館における指定管理者制度導入のメリットとデメリット」という題で書きました。

最初は、指定管理者制度を導入している区などにアンケートを送って、それを回収して表などにまとめようかなと思っていたんですけど、やり始めたら全く進まなくて、大変なことになってしまったんです。そんなとき、ステップ研修（2）

の講師で、当時、都立中央図書館にいた吉田昭子さん（認定司書番号第 1033 号）に相談をしたら、「そういうふうにやりたいのはやまやまだろうけど、そんな大変なことはしないで、皆さんの論文を当たって、それをヒントに書いたら楽にできるんじゃない？」と言っていただいたので、ちょっと気が楽になりました。そこから調べ始めて、それで論文を書いたという経緯があります。

豊山　現在、千葉県山武市成東図書館で勤務しております豊山です。私は第 7 期です。実は私は、予備審査を出したんですね。論文以外はそこでオーケーだったんです。

　そこから 7 年もかかっていたわけですけれども、私が実際出したのは複数の論文でした。一つは図書館問題研究会（以下、「図問研」）の研究集会で発表し『図書館評論』に載せていただいた「図書館イベント」に係る部分。

　それから「ビジネス支援」。これがオリジナル論文になると思うんですけど、ビジネス・ライブラリアン講習会の修了レポートを書いてから何年かたっていたので、そこを再考して現在に合う形にしました。

　また、自館だけではなくて、小さな図書館がビジネス支援をやるに当たって汎用的な取っかかりになるんじゃないかなという視点で書きました。

子安　第 8 期の子安です。私は糸賀ゼミ（慶應義塾大学名誉教授糸賀雅児氏の在職時のゼミナールを指す）に 2009 年から 2010 年度まで所属していました。社会人大学院生だった

んですけど、糸賀先生に、「認定司書というのができるから、応募しなさい。あなたたちは修士論文を書けば、ハードルは超えられる」と、あおられていたんですね。

　ただ、そのときに書いた論文の出来があまりよくなくて、出すのもどうかというのと、実はこれに応募して何をやるのかな、というところが自分の中でまだ決着がつかなかったので、保留していました。

　砂生さんの『認定司書のたまてばこ』を読ませていただきまして、外側から何かを私に与えてもらうと考えるよりは、自分がこれで何をするのかというふうに考えを変えたほうがいいんだなと思いました。2017 年の 11 月に、じゃあ今年度応募してみるかと思って応募しました。実はそのための論文というのは 1 行も書いておりませんで、これまでに書いたものをかき集めて出しました。

　一番字数が多かったのが、豊山さんと同じ図問研の研究集会で発表させていただいたもので、「千葉県立西部図書館におけるテキストデータ提供の試み」という文章が 6,800 字。それと、だいぶ昔ですが全国学校図書館協議会が 2012 年に行ったフランスの学校図書館の視察研修の報告。この研修ではフランスの学校図書館を見せていただいたり、得がたいところもありました。それで書かせてもらったこの二つを入れて提出しました。

　あとは、もし足りなかったらというときに『みんなの図書館』に幾つか寄稿した論文を出しました。

■テーマというハードル

司会の大谷康晴氏

大谷 ありがとうございます。普通は、数千字単位の文章を人に読んでもらうために書くことはあまりないですよね。予算の申請とか稟議のために何かペラで書けとか言われて書くというのが普通だと思うんですよね。私のような環境ですと、紀要の論文を書かなくてはみたいな感じになっているわけですけど、こうしたことは普通の図書館の現場の方々はあまりないわけです。

例えば、さきほどの砂生さんのようにアンケートをやりたかったという場合、学生が「アンケートをやりたい」と言ったら、「よく考えろ」と言うんです。アンケートはすごくハードルが高いので。はっきり言って、我々が行うときもアンケートをつくるのに膨大な時間をかけます。いかに少ない枚数で聞きたいことを聞くかと、それと誤解をどう防ぐか。適切なテーマを用意するのも難しいですし、材料も、さらにそれを得た上で文章を書くのもいろいろつらいじゃないですか。

何かそれなりのものをひねり出さなければいけないと思いつつも、何か人並みに「ああ、この図書館すごい頑張ってるな。

以上」とか「この数字見ると、これはすばらしい。でも、何がどうすばらしいかはひねり出せないな」とか、それはやっぱりあると思うんですよね。

子安 幾つかハードルがあると思うんですけども、「千葉で研究集会をやるので、ちょっと一筆書いて発表してよ」というのから始まったんです。でも、自分はそのサービス担当から異動して、この業務から離れていたので、私か？ というところはあったんですけれども、ほかにじゃあ今やっていることで発表することがあるのかといったら、特にそこまで固まったものはありませんでしたので、このテーマでと言われたら、まあそうなのかなという。

　そんなふうに書いて発表しちゃったというところではありました。ある段階、1年間ちょっと実証実験した結果みたいなものなので、材料に関して言えばそんなに不足はなかったというか、あまりほかもやっていない段階だったので、やりやすかったというのはあります。

湯川 私は埼玉県立図書館にいたので、そういう制度ができるんだよ、という話は知っていたんですけど、周りは関心がなかったですね。関心がないなら俺が取ってやろうかという感じでした。当時は出向して町立図書館の副館長でした。実質的には館長の仕事をしていました。ですから箔づけではないんですけど、管理職がそのようなものを持っているのと持ってないのとでは大きな違いがあるだろうということで、予備審査に申請しました。ただ、論文がやっぱり足りないと

いうことだったので、本番前に準備をして申請しました。

　テーマ自体は、皆さんも関心領域というのを登録されていると思うんですけど、私は中小図書館の運営やユニークサービスの実践ということに関心がありました。ですから、そういう領域で、ある程度ネタなどをかき集めて、ある程度集まった段階で少しずつ書いていって、ということでしたので、それほどネタには迷わなかったというか、私の場合は何となくイメージとしてはありましたね。

大谷　豊山さんはどうですか。

豊山　私は先生のおっしゃる専門性というところではちょっと微妙だなと思うんですけど。やはり湯川さんと同じく、私が勤務するのも中小図書館、小図書館です。千葉県の太平洋側のエリアって、小さい図書館しかないんです。1館2人ぐらいの司書で回しているという図書館ばかりなんですね。そういう中で、ルーチンに追われてみんな元気がなくてとりあえず窓口やっていますとか、レファレンスを受けてとか、一生懸命やっているんだけど、それがなかなかアウトプットできないというのがありました。じゃあ、この辺のみんなで協力して、何かちょっと元気になれないかねと、そこからのスタートでした。

　じゃあ、とりあえず私が頑張ってみるかという気持ちが生まれたのと、本当にすばらしい先輩の図書館員さんたちとの出会いがあって、自分の自治体外に尊敬できる皆さんがいらっしゃって、そういう方が声をかけてくださった。図問研

湯川康宏氏

の研究集会も、実は成田と柏の図書館の方からお声をかけていただいて、「とにかく、豊山さん、発表すればいい」と言われたんです（笑）。「じゃあ、今やってることでいいんですね。その時間を頑張ればいいんですね」と確認をして、発表したら、終わった後に「豊山さん、実は原稿を書かなくてはなりません」と言われて（笑）、「えーっ」て。

子安 そうなんですよね、『図書館評論』の記事にするから。
大谷 原稿よろしくね、みたいな（笑）。
豊山 締め切りが実は来月でとか、結構タイトだったんですね。
子安 もっと早く知りたかった！　みたいな。
豊山 そうそう。何か、「えっ、原稿ですか」みたいな感じで、ちょっとだまされた感はあったんですけど、でもそういうことがないと形にならなかったなと思います。何回も他の図書館の人が親身になって校正してくださって、本当にありがたかったなというのが一点です。

　それと、ビジネス支援に関して、やっぱりビジネス・ライブラリアン講習会って大きかったなと思います。そこで尊敬できる、頑張っている先輩たちに出会えました。ああ、そう

か、こういうことでいいんだなと。すごい看板を掲げて、お金もつけなきゃいけないとかいうことではなく、うち流というか、自分のところ流でいいんじゃないかなというのを発見してから開眼しました。

私は前任がさんぶの森図書館という山武市内の図書館ですけど、そこではビジネス支援をやりましょうということにしました。今は成東図書館に異動したんですけど、今度は医療・健康情報をやろうと思っています。スペシャリティというところでは弱いんですけど、私の中のキーワードが「ツナガル。」で、いろいろな媒体で書いて発信しているんですが、連携する、それもただ単に形で連携するんじゃなくて、がっちりお互いがお互いのことを思う。

図書館員も先方のことを思う。例えば今だと担当している病院の方のことを思う。ビジネスのほうでやっていれば商工会の方のことを思う、商工の部署のことを思うみたいな、そういうハブ的な存在としての図書館のスペシャリストというのが私の中にはあります。人がつながって、盛り上がるというとちょっと言葉が違うかもしれないですけど、形が見えるというのがおもしろいなと。

みんなとのやりとりが文字になったら残るなというのもあって、それからはなるべく「一筆書いて」と言われて「ぎゃっ」と言わないようにしようと(笑)、とりあえず「じゃあ前向きに考えさせていただきます」と言うようにしています。

大谷　でも、図書館というのを実現したいとか運営したいということ自体に、自分のこだわりがやっぱりあるんじゃないですか。まずはそういうのを核に据えた上で、何か発信できるものとか蓄積したものがないと、きついですよね。

豊山　そうですね、きついですね。

大谷　とにかく図書館のプロでしょと言われたって、人様に見せる文書を書くって、そうはないですよね。

豊山　特に 8,000 字ですからね。

砂生　結構な量ですもんね。

■字数はすごく議論になった

大谷　あの 8,000 字ってどうですか、皆さんは。

砂生　実は私、書き始めたらとまらなくなって、1 万 5,000 字書いちゃった、というのはありますね。

大谷　これは論文を合わせてじゃなくて、単独だった方のほうに伺って……湯川さん、どうでしょう。

湯川　そうですね。私も 8,000 字とは書いてあったんですけど、1 万は書こうと思っていましたね。1 万字書けば、削っていっても 8,000 字にはなるだろうと思ったんです。とりあえず 1 万で形にするために 1 万 2,000 字書こうと思って進めました。1 万 2,000 字で要らないところを削っていって 1 万字。そこからどんなに削っても 8,000 字にはおさまるだろうというイメージで書き始めたんですね。

材料をひたすら集めて、文をひたすら書きなぐったのを全部集めて、とにかくワープロ上でくっつけて、これぐらい行ったかなというあたりから成形を始めてというイメージでした。まずは量ありきでしたけど、1回に書く量というのはそんなに多くはありません。思いついたことをどんどん書いていって組み合わせただけですから、最初から書いたというイメージは全くありません。

大谷　この字数はやっぱりすごい議論になったんですよ。当初は1万2,000字なんですね。

砂生　そうなんですか。

大谷　はい。1万2,000字ぐらいというのがひとつのライン。実は私が当時勤めていた短期大学の卒業論文が1万2,000字、原稿用紙30枚だったんですね。この分量ってどのぐらいかというと、割と多くの学会誌が実はそのぐらいの枚数です。オリジナルの、いわゆる学術論文として投稿するときは、上限が1万2,000字ぐらいだという言い方が多いです。

　だから、まずその辺ぐらいかなというのはあったんですけど、厳しいという声がかなり多くて、結局8,000字で、しかも合わせて8,000字というところで今の形に落着したんですよね。ただ、現実的にはどうでしょうか。私の印象では、むしろ単独で8,000超す人のほうが多いですね。

　逆に分けると、それぞれで著作とするのがかえってしんどくて、あまり意味ないんじゃないかという話もあって、気にはしています。かといって字数をふやすというのもどうかと

は思うんですけども。

　やっぱり変に分けちゃってると、かえって厳しいなという印象はありましたが、今回おふたりにそうやって分けましたという声をいただいて、むしろ、あ、そうなんだと思ったぐらいです。

子安　分けるというよりは分かれていたというか、この申請に関して1本書こうみたいなのは実は考えてなかった。というのも、思い立ったのが11月の10日ぐらい。

大谷　あ、それはさすがに書けないですね。

子安　ちょっと、申し込んでみようと。

大谷　いや、3週間で材料なしで8,000字は、さすがに書ける分量じゃないですよね。

子安　はい。と思ったので、あるよねと見返して、うん、何かあった、よし、これでという感じだったので。

大谷　我々もそういうふうにも思ってはいるんです。もちろんこれのために原稿を書いていただくのもありがたい。要するに、それまでの自分の活動の成果をまとめるというのは、意味あると思うんですね。でも、既にそういう機会を得られていて、そこそこ書かれているのでしたら、それはそれでわざわざそのためにというのも思うので、だから割と既発表でもいいですよ、というのは当初の方針でした。ただ、思っていた以上にオリジナルが多いので、逆に、この業界の欠点として、本当はもうちょっと気楽に書ける場がないといけないのかなと。

現在の媒体は一気に変に格が上がっちゃうじゃないです
か。かといって、『みんなの図書館』とか『図書館雑誌』も
そうですけど、普通の特集記事は記事的な要素が強いので
ちょっと難しいところがあるじゃないですか。だから極端で
すよね。それこそ『図書館評論』とか『現代の図書館』とか
ハードル高めの何かでないと受け付けません、みたいな感じ
になっていて、本当はもうちょっと皆さんが気楽に書ける媒
体が欲しいなと。

　結果として、現場の皆さんは、割といきなり書けみたいな
感じで、結構ハードルが高いですよね。

　ところで、皆さん、既存のものを合わせた方もそうだとは
思いますが、オリジナルの論文の執筆には相当の日数をかけ
られたと思うんですけど、どのぐらいかかりましたか。

■執筆日数はどのくらい？

砂生　結構大変で、半年ぐらいはかかったかなと思います。
実は文章をちゃんと書くというか、簡単なものはあったかも
しれないですけれども、『図書館雑誌』の原稿も含めて、そ
ういうのを書いたことがこれまで全くなかったんです。逆に
認定司書になった後にだんだんそういう機会がふえて、依頼
が来るようになったんです。そのときは本当に初めてだった
ので、どこから取りかかっていいのか全くわからない。家で
やろうとしても、そのときはまだ子供も小さかったので、な

かなか時間がなくて、仕事の帰りとかにスマホのメールに打ち込んでいました。

大谷 ちょっと思いついたら、打ち込んで。

砂生 そうですね。それを自宅のパソコンに送って、それを組み立てて論文にしていきました。でも、それだとやっぱり全体が見えないので、1回ほとんど書き直しをしたというのはあるんですけど。

子安 私は、修論がそんな感じでした。

大谷 修論でもよかったんじゃないですか。

子安 いや、それはちょっと。

大谷 でも、仮にもクオリティというか、大学院の論文として認めたものを我々がだめとは、普通は言えないですよね。

子安 確かに大学院の経験があったので、論文を書くハードルが下がったというのはあると思います。つまり、予習と言ったら変ですけど、結構シビアな経験でしたので。

大谷 学位論文は特にきついですからね。

子安 大学のときに一体何をやっていたのかなと。大学院に行って相当へこたれましたけれども、でも終わってから、一応形になったということで、書くということに関しては、何とかやれるんじゃないかという間違った認識を持ってしまって。

大谷 いえいえ。確かに今、大学でもレポートとか卒業論文って本格的にやらないで卒業できるところが多いですからね。日本女子大は全学科必須なので、逆に珍しい。この規模で、

入ったら必ず卒業論文を書かなくてはいけない大学って、実はそうはないんです。ただこちらはキツい。

例えば10人ぐらい学生を持つと、この時期、オフの時間がないんですよ。昼間ことごとく面接して赤を入れ続けて、教員にとってももう全然楽な話じゃない。学生が多い年の締切直後はもうぼろぼろですよ。次々とあいている授業の間とかに入るし、授業がなくても大学に来て午前見て、それから非常勤講師に行くとか。

砂生絵里奈氏

豊山 ああ、大変。

大谷 うち（日本女子大学日本文学科）の場合、卒業論文が2万4,000字なので。

砂生 2万4,000字なんですか。

大谷 でも、書けないで卒業できない学生はいないです。やっぱりそこまで学科の先生が書かせる指導はやるんですよね。それでも学生たちは、書くまでは2万4,000字という量に絶望的な表情をしているんです。それで添削1回目は、やっぱりことごとく直すんです。文章としてのスタイルや、文章を書くフォームができてないから。だけど、最後は淡々と一人旅で大体書いてくれて無事提出しています。だから、やっ

ぱり書く訓練って本当はすごく大事なんです。けれども今の教育だとなかなかないし、現場でもそこまで長い文章を書く機会ってやっぱりないので、大変だと思うんですよね。

社会人大学院のような機会を得られれば、あれも結構大変だと思うんですけど、くじけずに書ききれば、何でも相当書けるようにはなっていく。湯川さんは、どのぐらいかかりましたか。

湯川 記憶があまり定かでないんですね。予備の段階から準備していたものですから、1年で書けばいいやと思っていたところがありました。ただ、その前に一度、別のもので書いたのを予備審査のときに出したら、それじゃ字数が足りないと言われたんです。昔、デジタル・ライブラリアン講習会というのを糸賀先生などが主催されていたとき、そこで書いたのが多分5,000〜6,000字じゃないかと思うんですけど、それでは足りないと言われました。

逆に言うとそれぐらいは書けたので、じゃあ同じ要領で字数をふやしていこうかという感じでした。一度まとまった量を書いていたので、1年で書けばいいやと思うと逆に楽でしたね。材料だけ集めておいて、まとめる作業だけどこかで集中してやればという感じでした。

大谷 人によって、どこにどの程度のハードルがあるのかは異なってくると思います。書いた経験がある方は、この8,000字はそこまでではないですよね。だけど、書いたことがないとなるとすごく絶望的で（笑）。

砂生 そう。あ〜 8,000 字って感じですよね。

大谷 書くとなると本当に、何だ、この苦しさは、という感じです。

砂生 そうですね、つらいです。

■次のハードル、材料はどのように集めるか

大谷 今、湯川さんが材料がそろえばとおっしゃったことでいうと、材料をどうそろえるかが、次のハードルですよね。砂生さんは、ある意味データ的な何かを求めたくてやろうとしたら、今度はその作業的なところで進まなくなってしまった。

砂生 すぐ倒れちゃったというか。指定管理の館を探している段階で、一応その資料を取り寄せたんですけど、すごく膨大なんです。それを整理しているだけで、もうくじけてしまって。吉田さんからアドバイスをもらったので、そこからは CiNii で指定管理の論文を探してたくさん集めて、その中からちょっと自分の言いたいことと似通っているものを選んでみました。ただ、偏ってはいけないので、賛成とか反対とか、成功している事例とか、そうでもない事例みたいな論文を公平に見てという感じでした。

大谷 どうですか、文章を書くことは、材料があればということでしたけども。認定司書に限らずに、長めの文章を書くときに材料はどういうふうに集めるか。図書館員だから探す

豊山希巳江氏

こと自体はハードルがない。そこにハードルがあるというのは、ちょっと別な意味だと思います。そもそも何もわからない人よりは手段とかツールはわかっていますよね。その上でじゃあ材料集めをどうするかということですけども、これは別にオリジナル論文とかでない方も、長めの文章だと共通の課題だと思うのですが。

豊山 私の場合は、やっぱり図書館ありきなんですよね。小さい図書館で生き残るためにどういうふうな視点でやったらいいのかなということがあるので、こういうこともいいんじゃない、こういうこともいいんじゃないという問題提起という形を考えたとすれば、材料は困らない。

例えば、あなたが困っているのは何なのというと、人がいないこと。じゃあ、人がいない中でうまくやっていくにはどうやったらということを考えればいい。それが材料のひとつになる。あるいは、図書館の来館者がなかなか増えないという問題があれば、それを増やすためにはどうする、という、いま困っていることの逆転の発想が題材になったりするのかなとは思っています。

大谷 でも逆に、小さい図書館のそういった問題の難しさって、小さい図書館の事例報告というのが、そもそもあまりないじゃないですか。

豊山 そう、ないんです。

大谷 でも、それを幾つかはそろえないと、いくら何でも「私の図書館はこうです」だけでは無理だから、それはどう集めているんですか。

豊山 やはり近場の図書館さんの事例とか、あと『図書館雑誌』の小規模図書館奮闘記みたいなのを見てみたりという感じですかね。あとは、『図書館雑誌』のテーマになったのが、今の図書館業界のはやりと捉えるならば、そういう面から展開できないかなとかいう形で情報を見ているという感じですかね。

子安 フランスのことを書いたときには、参考文献に挙げるものにすごく苦労しました。

統計を持ってきたりすると、根拠なく数字だけというわけにいかないので、どれを根拠にするかというのは海外の物に関しては結構苦しんだというのがありますね。ふだん自分がいないところのものを書くというのは、ソースをどこに求めるかは結構悩みました。

でも、大体図書館見学なので、アメリカにしてもフランスにしても、そこの館の紀要などを使うしかないんです。あとは、すでにそれを論文に書いていたりする可能性もあるので、結局それを見比べてみる。外国語のリテラシーがないってつ

らいなと思いましたね。テキストデータの実証実験はあまり先行研究がなく、みんなこれから始めて、ある程度形にしていきたいんだよねという段階でした。そういう点ではエビデンスのある提示もしにくいというのがありました。でも、そのテーマでと言われているから、いろいろ似たような事例を探してくる。役に立つ事例をどうやって探すかみたいなのはちょっと迷いましたね。

大谷 そうですよね。

子安 もちろん、試してみている段階なので、これで完璧みたいなのって多分ないとは思うんです。でも、どれを参考文献に挙げたら、そのことをちゃんと理解してもらえるのかというのはありますよね。

大谷 湯川さんは、いかがですか。

湯川 私とか豊山さんなんかは図書館の規模が小さいのですが、これから認定司書で論文を書こうと思っている方も、やっぱり自分の身の回りを題材にすることが多いと思うんですね。自分の関心領域は当然そういうものから生まれるので。いま認定司書の更新に向けて書いているのも実はそうなんですけど、やっぱり日ごろからネタを集めておいて、ある時期に集中して書くというやり方です。ルーチンに追われている中では効率的な方法かなと思っています。

　ただやったことを書いたのではだめだ、と応募要項の中に書いてあって、実践だけではだめなんですね。それがほかの方にどのぐらい参考になるかという自分なりの考察を加えた

り、ほかの図書館との比較とかを客観的に見ながら意識して書くようにはしたんですね。

　事実を書いただけじゃ、単なる報告じゃないかと。そこをほかの方が見たときに、どういうことが書いてあれば、それはうちでもできるかなとか、形を変えて参考になるのかなというところを意識しました。できればほかにも似たような事例が欲しいんですね。

　自分のところではこうやってる、同じようなほかの図書館ではこうやってる。じゃあ、そういうものを押しなべて見たときに、こうしておくと効率よく新しいものができるんじゃないかみたいなところを示したい。でも、ほかの人がやらないことを好んでやる傾向があるので、類似例を探すというのはすこぶる難しくて、普通にググったぐらいでは出てこないんですね。

　結局のところ、やっぱりほかの論文で補強するというのはちょっと難しい。いかに客観性を保てるか。ほかの図書館から見て、実現可能性があるかというところを意識して書くようにしました。

豊山　同感です。本当に困りますよね。引っ張ってくる参考文献が、とんでもない参考文献ばかりになっちゃいます。

湯川　そうなんですね。あんたの思いつきじゃないのと言われたらそれまでみたいなところがありますので、そこに客観性を持たせるためにどうしたらいいんだろうというのは常に考えないと。

大谷 ネタ集めはやっぱり大変ですよね。私もそこは皆さんと同じです。もちろん雑誌も重要なソースですけど、最近は割とニュースアラートを利用しています。ほぼ毎日何かあるんですよ。

　ブログとかじゃなくてニュースだけに絞っていますけど、それでもそんな感じです。それを見ていると、あ、ここはぬいぐるみお泊まり会だけじゃなくて、リアルお泊まり会もやっているんだねとか。今まで図書館は学習室には冷たかったけど、学習室の席貸しに、急に力を入れ出しているんだなとか、そういうふうに学生にも伝えて、ネタを集めています。あとは、例えば『カレントアウェアネス』。日本でないという場合は、海外のもので見たら『カレントアウェアネス』かなと。

　ネタの実例としては例えば最近、埼玉県の杉戸町でしたっけ、夜間までの学習室利用、夜 10 時 30 分までやっていて。

湯川 ありましたね。

大谷 そういうのを見ると、授業の一環としては歴史的にはこうでこうで、公共図書館は一時期学習室としての利用には冷たかったんだよと言う。すると、学生たちは、もっと使わせてほしいとかなんとかと。でも、それを公共図書館だけが責任をとってやらなきゃいけないのか。例えば、公共施設として駅前のあいているビルとかそういうところはだめなのとか言うと、あ、そういうのもいいかもしれませんねと。それで学生たちがいろいろ考えてくれて、そういうのが卒業論文

とかのネタになったりしますね。

そういう感じで誰もがネタを集めるのはすごい苦労をしていると思うんですけど、いろいろチャネルをふやしてやりながら、それでもうまくいかないケースは相当ある。

子安 そうですね。だから図書館ネタじゃなくて、むしろ福祉のほうとか。ちょうどやっているころ

子安伸枝氏

に自炊問題がものすごく取り沙汰されていたので、そういうのを入れるかどうしようかみたいなのはだいぶ迷いましたね。

大谷 今までの話だと、マニュアル的に言えば、どうしても事例がなければ、まず類似の何かで考えよう。図書館ではないけど、例えば公的セクターという意味で、営利性はないけど公共性はある、例えば福祉の世界ではどうなのか。あとは、図書館でどうしても勝負したいなら、海外事例があるかないかを気にするとかですかね。

豊山 そうですね。

大谷 やっぱりそういう意味では『カレントアウェアネス』で、紹介してくれる内容を見て、うーんとかって。私もそうです。ふだんからひたすら英語の文献をウォッチというのもちょっとつらいので。

■どうやって図書館の外と中をリンクさせるか

大谷 でも、そうやっていつも図書館の範囲の中だけで材料がそろうとは限らない。逆に言うと、それがよくないという気もしますよね。

でも、そうすると皆さん日常的に意識をそれなりに、外のほうにも目を向けてあれこれ眺めないといけなくなると思うんですけど、結構意識を持たれていましたか。

子安 それこそ大学院のときには、本当にずっとそのことを考えているみたいな。

大谷 考えて、ちょっとあちこちを眺める。

子安 はい。みたいな感じでしたね。だから毎日、『カレントアウェアネス』は絶対見ていました。あとはニュースも登録しているので、「おっ、指定管理と書いてある」みたいな。自分は指定管理と市場化テストをテーマにしたので、そのときには「指定管理」とつけば見に行くみたいな、そんな暮らしをしばらくしてましたね。

大谷 あと市場化テストとか。

子安 そうです。ページをなめるように見るみたいな世界ではありましたよね。

大谷 豊山さんはどうですか。

豊山 そうですね、さっきも言ったとおり割と図書館の外との連携がテーマなので、よその人がどう考えているとか、よ

その人のキャッチーは何だろうというのは気にするようには
していましたね。だから、特に行政の人にわかってもらいた
いというのが、書いた当初は強かったです。

　図書館が何をやっても、しょせん「だから何？」ということ
とが多いので、行政の人がこれを読んで、図書館の人がこん
なふうに考えてサービスをしているんだったら、じゃあ何か
できるかもと思ってもらえたらなというきっかけでもあった
ので、キーワードとしては「行政職員も巻き込む」というもの。

　逆に、そうすると「あ、この人の講座受けていたの」とか、
課長さんクラスの人から「豊山さん、こういうこと考えてい
るんだね」みたいなことを言ってくださる機会にはなったか
なと。なので、作戦勝ちだったんですけど、どうやって図書
館の外と中をリンクさせるかということは気にはしていまし
たね。だから、そういう言葉が出てくると、ちょっと調べて
みようかなとか、この人にちょっとお話を聞きに行ってみよ
うかなみたいな形はやっていた感じですかね。

砂生　なるほど。私は図書館にいなかったので、客観的に分
析できる指定管理者制度しかできないと。そのとき、やっぱ
り指定管理者制度のニュースとか、あとは『図書館雑誌』で
取り上げているとか、そういうのはすごくアンテナを高くし
ようということで、話題になると急いでかき集めて読むとい
うことをしていた感じですね。

大谷　湯川さんは。

湯川　私はもともとそういう他業種、図書館じゃない業種

大谷康晴氏

のノウハウというのを図書館に生かせないかというのが関心領域でもありました。以前に書いた論文が「コンビニエンスストアとの比較から見る公共図書館の未来像」みたいなテーマだったんですね。コンビニエンスストアの商圏というか、何百メートルに一つぐらいあってというのと、図書館の分館がこれぐらいの範囲の住民を対象にしているというのが結構かぶるんじゃないかというあたりから論文を書いたという経緯がありましたので、そういうものには常に関心がありました。

　特にいま注目しているのはドン・キホーテですね。自分のいる学校図書館をドン・キホーテにするにはどうしたらいいかというのを常に考えています。そういうところでは、割と私はほかの業種と図書館の比較でおもしろいところをとってこられないかなというのは常に見る傾向がありますね。

大谷　でも、やっぱり何か図書館だけでおさまらないときは外に視野を向けて集めてくるので、ふだんは結構地味な作業ですよね。そこの労は惜しまずに頑張らないと。

　それでは書くネタ集めにはどのぐらいの比重をかけているイメージですか。例えば書いている期間を1としているとき。書いているときももちろんネタは集めていると思うんですけ

ど、いよいよ1文字目を書こうと思い立つまでの、ホップ、ステップのあたりはイメージとしてどのぐらいかけていますか。

■書くネタ集めにはどのぐらいかけているか

砂生　私は1ケ月ぐらいですね。でも、もちろん書き始めても集めていました。

豊山　私は書き始めると一気派なので、書き始めて1だとすると、120ぐらい集めているかもしれない。(笑)

大谷　わかります。私も最初の1文字目が本当につらいタイプです。1文字目を書くと、90％ぐらい終わった気持ちになる。

豊山　そうですねよね。一気みたいな。

大谷　あとは締め切りの文字数と相談して、どう書こうかというタイプ。私もそうです。よくわかります。

砂生　書き始めるのが大事なんですね。なるほど。

大谷　書くのが本当に1の期間だとすると、まずはネタ集め。なおかつ、並行していく中でいろいろやりながら、でもいよいよとなると、何となく自分の中で機が熟したという気持ちになっていく。

砂生　ああ、そこから書くという感じ。

豊山　はい。来ましたみたいな感じ、おりてきました(笑)。

大谷　そう。いわゆるおりてくるというやつですね。どうですか、おふたり。それこそ書く期間を1として考えた場合の。

湯川 私はそんなに文献集めに集中するタイプではないです。最初に書きたいことの見出しみたいなのを決めてしまって、それに対して1個2個あればいいやという感じなので、納得がいくまで集めるという感じではないんですね。これを書きたいんだけど、これだけだと自分の考えしかないから、ほかで参考になるものと比較するために何か欲しいという感じです。いっぱい集めるタイプではないので、時間はそんなにかかっていないと思います。

大谷 さっきネタがそろえば書くのはそんなにというようなお話もあったので、やっぱり集めるところの比重はそれなりにあるんですよね。つまり、時間とかとも違うのかもしれないですけど、例えば精神的というか、何かよくわからないですけども。

湯川 全然準備ができていないのにとりあえず始めようかという感じではないですね。書くのを我慢して、これならもういけるかなというところまで我慢して一気に書くというのをちょこちょこくっつけていくというタイプですね。

大谷 書くものは割と分割してコントロールしていくんだけど、1個1個をどう書こうかはそれなりにためてから出していくと。子安さんはどうですか。

子安 私は、これが調査の時間で、これが書く時間みたいなのがちゃんとできていないんです。なので、しょっちゅう調査に戻ることが多いんですけど、比率でいったら1対30かな。調査が30ぐらいあるという気がします。ただ、その

30を何かを書くためだけに使っているかというとそうでもなくて、ふだんの自分の業務だったりとか、あとは別件でちょっとやらなきゃいけないことなんかにも流用している感じです。それこそ朝に新聞読むのも調査だし、比重としては1対30なんだろうけど、それ専用にしているかというと、そうでもない。本当にそれ専用したという感じなのは、やっぱり海外事例をやったときですかね。

大谷 それはでも、ある意味、真理というか普通というか、生きていく中で、ただひとつのことのためだけに修行のように、ということはあまりないと思うんですね。皆さんも現場のお仕事とか、あるいは場合によっては図書館でない部署に配属されたときは、それ以外の仕事も当然あるわけですね。でも、その中で意識は持って何かふっと見たときに、あ、これは何かなと。それをネタ帳に書く人もいれば、何となく心の中にとどめ置くだけというと、それは人それぞれだと思うんですけど。

　そうやってためて、それをどれだけためてどう書くかは人それぞれでしょうけど、そういう作業がないと、なかなかコンテンツレベルには持ち込めないですかね。でも、やっぱり苦しいですよね。

砂生 苦しいです（笑）。

子安 でも、何か脱稿しちゃえば、ああ、終わったぜと。

大谷 いや、そこまで行ったら、もう半分自分のものじゃなくなるじゃないですか。あとは大体、赤を入れてるけれども、

他人のような感じで、大したことないなとか思いながら（笑）そういう感じなんです。自分自身に対して、何でこんな変な文章書くのかな、だめだよねとか。ある意味もう他人事ですよね。でも書き出すまでが本当に。

砂生　つらいですね。

大谷　そこのハードルは皆さんそれぞれ自分なりの方法論で対処されていく、多分それしかないんでしょうね。唯一これが絶対の方法で、これに従えば自動生成されますという存在になれるなら。

子安　そうなりたいです。

大谷　私もなりたいですよ。ほんと、寝てるときに小びとさんがつくってくれればいいという話ですよね。

砂生　こうしておこうと思って寝たら、起きたらできていたらいいですよね。

■執筆の時間づくり

大谷　そうですよね。今はネタ探しでしたので、今度はいよいよあれですかね。いくら一気呵成とはいっても、一気呵成に書くためには例えば週末に時間をつくるとか、そういう話が絶対必要になってくるじゃないですか。その辺どうでしたか。

豊山　私は、やっぱり始業前、業務後ですね。職場、やはり家庭だと子供が小さいので全然集中できないので、逆にもう

家では仕事をしないと決めています。そのかわり残業じゃないんですけど、職場にいる間に全力でやるという形で取り組んでいました。だから、それを出していたころは夜9時10時ぐらいまで職場にいさせてもらって、ちょっとこれが切りがいいところまでやらせてくださいとお願いをして、残ってやるパターンでしたね。なので、毎日何時間ずつみたいなパターンでした。

大谷　文章としては勢いはあるんだけど、時間はそういうふうに工夫をされて、なかなか家庭では大変だと。

豊山　はい、そうですね。

大谷　湯川さんは、その辺どうですか。

湯川　私は今、一人職場なものですから、割と時間が自由になるんですね。ネタを考えていて、日常業務、ブックフィルムとか貼っていて、疲れちゃったな、あれも書かなきゃいけないしとか思っているときに、不意にひらめくときがあるんですね。今書けば行けるかもしれないというときは、仕事を全部よけちゃって、一気に思いつくところだけガァーっと書いて、もう疲れちゃったからやめようとかの繰り返しみたいな感じですね。

　それが長いときもありますし短いときもあるんですけど、思いついたときに一気にやる。家ではやらないんですけど、大体職場でやるか市立図書館に行ってやるとか、環境を変えて、気が向いたときに、集中できるときにやったほうが効率がいいだろうと。このときに書くと決めて書くというよりも、

思いついたときにやるという感じでした。

大谷 ある意味、割と研究者にノリが近い感じですよね。私たちの仕事、業務は比較的自由なほうなので。でも、講義のときはどんなに思いついてもそれは不可能ですけども、そうでない研究室では、ぼーっと、何かぺらぺら本を見たりしている時、あ、そうだ、つくるかみたいな（笑）。子安さんはどうですか。

子安 私は職場で書いた論文は１個も入っていなくて、自分が仕事を上がってから、自宅か、よits図書館で書くみたいな感じでした。

でも、よその図書館も、そんなに遅くまでやっているところがないので、自分のところが７時までだったら、いいところ９時ぐらい。それまでの時間帯に稼げるだけ稼ぐみたいな感じですね。そうすると自宅で夜更かしするみたいなときもありました。でも、結局書いている字数はそんなに多くないので、そういう意味では、２週間ぐらいの間に集中してまとめて書く時間を何時間ずつ入れられれば、大体完成するというぐらいの感じで考えていました。

大谷 砂生さんはいかがですか。

■執筆場所は工夫してさまざま

砂生 私は、先ほども言いましたとおり仕事の帰りにカフェに入ったりとか。そこでちゃちゃちゃっとメールに打つんで

す。家ではほとんどやらないんですけど、メールで打っておいて自宅に送ってというのを繰り返すというのが大体のやり方です。やっぱりカフェの中がすごくはかどるという感じがします。

あとは、本当に締め切りに近づいてきたら、仕方なく家のパソコンで早朝に起きてぎゅっと集中してやったり、職場でちょっと時間外にやらせてもらったり

湯川康宏氏

したんですけれども、実は今はネットカフェでやっています(笑)。

子安 それも便利ですね。

砂生 本当にもう締め切りぎりぎりでまずいとなると行く。この論文を書いたときはネットカフェという手を知らなかったんですけど、知ってしまったら、本当にポイントカードが十分たまるぐらい通っています。いろんなことをネットカフェでやっています。

子安 確かに自宅はいかんですね。

砂生 そうですね、集中できない。

大谷 自宅は誘惑が多い。私は誘惑多い派で。

砂生 テレビも見ちゃうし。

大谷 あと、くじけるとすぐ何か、ちょっと1時間休もうと

いって、もう半日休んじゃったよみたいな、日々だめ人間だなと。

子安 安らかになっちゃうので、おうちは危険ですね。

砂生 危険です。

大谷 結構、人それぞれですね。自宅で頑張りはあまりできそうもない。でも、子安さんは自宅ですね。

子安 はい、自宅です。住んでいるところの状況にもよるんですけど、ちょうどフランスの報告書を書いていたときには松戸に住んでいて、あまり遅くまでやっている図書館が近いところになかったので、そこだともう自宅でやるしかない。カフェとかも遅くまでやっているところが近くにないので、もうここで頑張らずにどこで頑張るのだと。今は転居して千葉市に来ましたら、マックだろうとスターバックスだろうと選びたい放題なわけですよ。千葉市中央図書館も夜9時まであいてるし、どんどん悪い子になっていくわけですね。

大谷 いや、私も最近どんどん自宅で書けなくなっていて、かといって研究室でもないんです。私も割とカフェみたいなところとか、あと根を詰めて仕事をしたいときとかは出張の時の、乗り物の待ち合わせ場所とかでやけに集中できたりする。要するに待つしかすることがないので、すごい勢いで何かやる気になるんです（笑）。

湯川 私も最近は結構通勤のときに。

砂生 ああ、電車の中はいいかも。

湯川 電車の中でもスマホで音声入力しちゃうので。ただぶ

つぶつしゃべっていて後で成形するという感じで、何か怪しい感じですね。

豊山　危険な感じですね。

子安　結構そういう方見かけるんですけど、実はそういうことだったんですね。

砂生　ちょっとやばい人かと。

大谷　ボイスメール機能を駆使しているということですね。でも、昔から何かいろいろクリエーターの人は言いますよね。レコーダーを持ち歩いて、何かあったらとりあえずいろいろ録音しておいて、アイデアが消えるのが嫌だからというので。

湯川　変換効率が自分で打って変換するよりははるかに賢く、一発で漢字に変換してくれる。すごい優秀なんですよ。だからもう Facebook とかも、最近は全部音声入力で入れちゃいます。

豊山　すごい、なるほど。

大谷　皆さん、そういう意味ではやっぱり癖はかなりありますね。家がいいという人もいれば、むしろ家は絶対だめ。ご家庭がある場合は家族の事情というのはありますからね。確かにどうしても認定司書の年代というのは、取って 10 年ということは最短で 30 代前半で、実質は大体 40 歳にかかる。しかも女性の方が 3 分の 2 以上なので、そうすると家庭をお持ちの方が多くなって、やっぱり子供が何か言い出したら、ちょっと放り出して子供の面倒を見るしかないですから、皆さんかなり場所というか、そういうところでむしろ苦労され

砂生絵里奈氏

ている。

　私のような自由な人間はもうひとりで気ままに、今日は書くかとか、もうどうとでもなりますけど、でもやっぱり生きていく上ではね、生活もあるわけですので、皆さんすごくいろいろ苦労されているんだなというのがよくわかりました。

　そういう意味では意外と長いスパンで仕事をしながらやっていかなきゃいけないので、いくら一気呵成とは言いながらも、極端な睡眠不足じゃ日々の仕事は続かないので、そういう意味では工夫されていますね。相対的に長い短いはあったとしても、工夫をされた上で一定時間をちょっとずつ確保してやっていくという意味では、皆さんそこは同じですかね。

砂生　そうですね、それはみんな同じ感じですね。

大谷　そうですね。家庭がある方は、例えば週末ひたすら書くというわけにはいかないですよね。

豊山　無理です。

■構想は、デジタル派か、手書きの紙派か

大谷　そういう意味では間違いなく、皆さんそこはすごい苦

労をされながらもうまくやって、そういうのも認定司書には必要な能力と言っていいんでしょうかね（笑）。

豊山　どうだろう。

砂生　そうかもしれない。

子安　そうですね。あと、でも結局、書き始めてみないと、どれだけ大変かって見通しが立たないので、とりあえず5分でいいからやってみる。とりあえず5分頑張れば、何かちょっとは進展があるかもしれない。次にこれやればいいんだというので始めて、結局30分ぐらいできたら一応何行かは書けたみたいなこともあります。あと、次はこれを探しに行けばいいやみたいなのも出るので。

　実際ある程度まとまったのを書くのは大変かもしれないですけど、とりあえず項目だけ立ててみるとか。最終的に始めてみてすごく大変だったとわかるときもありますけど、それぐらいの感じで始めてみると意外といけるのかなというのがありますね。

大谷　いや、でも1文字目が大変派は、それがなかなかつらいんですよね。

豊山　私はいきなり打たないんです。やっぱり紙で書いて構成を書いて、こことここを書いて、そこが起きれば。でも、ここの1文字目は大変なんですけど、そこのラフができるまでがちょっと勝負だなというのがあって、それはこうでもない、ああでもないは、何をやるにもずっと常に頭の中にはありましたね。

大谷 いわゆるマインドマップみたいな感じですか。文字ベースではつくるけれど、自分なりのある種のマインドマップですね。

豊山 そうです。それが具体的な章になる場合もありますし、話の流れがこういうふうに流れていくといいよねというのはもう紙で見えるようにしておいて、実際それに肉をつけていくのを打っていくという形。この紙がなくなっちゃったときがあって、あんなに書いたのに、とかいうことが。多分何か間違ってシュレッダーをかけちゃったんですよね。だから、手書きの恐ろしさはそこにあったと思って。

大谷 ぱっと見ただけでは、確かにほかの手書きと区別がつかないから。なるほど。

豊山 だからそれ以来、それだけはバインダーにばちっと挟んでおく。もうこれは終わるまではと。

大谷 あと、今どきは割とスマホで。

豊山 はい。でも、やっぱり紙で見ていると、書き込めるじゃないですか。追加できるんですけど、スマホにしちゃうとまたちょっとやりづらいというのがあって、最初のラフは紙でやりますね。

子安 確かに、紙で考えたときと、実際打っていて編集していたときとちょっと感覚が違ってくるので、初めは紙のほう。

豊山 うん。またもとに戻れるから、あ、今ずれ始めたなと言って、また軌道修正ができる。

大谷 具体的にそうですね、何か構成をつくる。例えば見出

しを、湯川さんも見出しつくる派ですよね。

湯川 完璧、紙ですね。

大谷 紙ですか。

湯川 最後の文章を膨らませるときだけは入力しますけど、それまでは完全に紙で、ここに何を入れていこうという章立てをつくるところまでは完全に紙ですね。あと、このフレーズだけは絶対忘れないように、これは使えるというのは、思いついた瞬間にどこかの余白に必ず書いておきます。

大谷 結論にはこれを絶対入れようみたいな。

湯川 このかっこいいフレーズだけは必ず入れておこうというときがあるでしょう（笑）。

大谷 わかります。

湯川 そういうのは思いついた瞬間に必ず紙に書いておきますね。

大谷 結論としてはこのワードは絶対にと。わかります。私はどちらかというと子安さんに近くて、構成としては何となく何行かでテキストデータ的につくっておきます。私自身の論文はそういう感じで昔の卒論、修論あたりは書いていて、だんだんちょっとずつ構成の記述を膨らませていく中で、ここをもうちょっと言うためには、さすがにもうちょっと反省して、これを調べに行かなきゃいけないなとか、スタイルは子安さんと近いですね。砂生さんはどうですか。

砂生 私はやっぱりメールなんですけど、メールの中に章立てみたいなのを自分で書いてみて、その章と章の間の文字を

ちょっと埋めてみるみたいな感じです。何でメールかというと、すぐパソコンに送れて、それをコピペして原稿に張りつけるということができるからなんです。でも、一度しばらくたまったのを、メールを整理しようと思って、ひょっと消していったら……

豊山　やらかしちゃった。あー、やってしまった。

砂生　消しちゃったんです、すっかり。だから、それから反省して、ある程度たまったら、一度メールで家に送るという習慣にし始めたんです。

大谷　ある種、デジタルベースで構築していくという意味ですか。

砂生　そうですね、デジタルベース。

大谷　でも、将来的にはあれですよね。例えば今だとクラウド、IT 的にやれば、何かもっとすごい環境でやれそうな気は。

砂生　そうですね。

子安　私は Google ドライブを愛用しています。その前は Dropbox を愛用しておりましたが、お高くなってしまったので撤退してしまいました。Dropbox は、ほかのものよりアップロードとかが簡単なので、すごくいいですね。

大谷　最近そういうのがふえてきたので、だからそういうところで IT 化を図っているケースはまああるでしょうね。

子安　そういうのって職場でインストールできないじゃないですか。だから、いつも自分の持っているデバイス以外にはできないという意味ではちょっと困るんですよね。職場でま

たそういう環境があればですけど。なので、結構送りますね。職場で原稿だけつくって。

豊山 どこにも送れるという。

大谷 確かに共有サービスは、セキュリティの心配がありますよね。共有サービスはどうしても乗っ取られるとか侵入されるとかのリスクがある分、職場ではだめとかありますよね。

　あと、金銭的な問題とかいろいろあるじゃないですか。それこそ、こういう場なら静かにできると思いながら、なかなかそういうネットカフェもちょっとね、いくらそこでできると思っても、一晩幾らとか、若干。

砂生 そうですね、お金がかかるから頑張れる。

大谷 ああ、逆に。

豊山 追い込むんだ。

砂生 お金かけているのに、ここでやらなかったらだめだろうみたいな、ここでだらっとしたらだめだと追い詰めてやると。

大谷 この1時間500円で勝負しなきゃいけない。なるほど。

砂生 そうそう（笑）、もったいないから頑張る。

大谷 カフェもそうですね。あまり飲まないで居続けると若干心が痛くなるから、平気で3時間も4時間もいられるってなかなか。

砂生 そうですね。確かにおかわりを頼まなきゃいけない。自分のペットボトルを飲み出したら、ちょっとまずいので。

子安 私、電源がないところでやっているときには、電源が

切れるまで頑張るぞ、みたいな。

豊山　ああ、そうか、勝負。

大谷　充電があと3時間何ぼです、みたいなのはいいですよね。

子安　はい。せいぜい2時間か1時間半やって、メールで送って完了と。

大谷　でも、おかげで、我々もカフェは電源の有無を見て行っちゃいます。パソコンと延長コードはセットで持っていて、結構ルノアールとか行っちゃいますね。電源と、あとインターネットが割と豊富なので。スタバもいいんですけどみんな結構来ちゃう。いわゆる純喫茶でまったりできる割に電源とかそういうのがあるので、ついついルノアールみたいな。若干そういうところは私も合っていて、環境をいろいろ気にしたり何とかしてやっています。

■図書館も悪くはないけれど

子安　図書館も悪くないんですけどね、でもなかなかハードルが高いときもあり、とりあえず自分の職場で閲覧席には座れないですよね。

大谷　利用者がいるときに閲覧席には座れないですよね、現実問題として。

子安　はい。なので、自分の職場を除外するとしてとなると、もう選択肢があまりないじゃないですか。豊山さんもそうで

すよね。さんぶの森じゃなくて成東ならいいでしょうというわけにいかないじゃないですか。

豊山 絶対行かないね。だから、図書館には行かない。自分の図書館の事務所でごちゃごちゃやる。

子安 ですよね。私は人んちの図書館の閲覧室で。

大谷 ひっそりとこう。

子安 やるわけですけど、つまり図書館だったら調べものが一緒にできるという利点があるので行くんですけど、パソコンを使っていると参考図書のエリアにはあまり入れないとかいろいろ、図書館の中でも何かさまよえる感じ。まあぜいたくになってきましたよね、そういう意味ではね。

豊山希巳江氏

大谷 いや、でも私、Wi-Fiと電源はこれからの図書館で必須だと思っているので。

砂生 そうですよね。

大谷 福岡工業大学の図書館に視察に行ったときは、とにかく電源タップごと1人で使っていいとなっていました。やっぱり理工系で、パソコン持ってる、スマホ持ってる、タブレット持ってるという前提でサービスを構築していました。どこの大学でもそうすべきだと強く思いました。実際には光熱費がかかるので、そこは施設設備費として取らなきゃいけない

んだけれど、でもやっぱり今どきのこの状況でそういう環境もない図書館というのは、ちょっと私は白々しいと思っています。でも、図書館に勤めている人が、そこに不満を持っているって面白いですよね（笑）。

子安　それこそ仕事外で書くというふうになってから、なおさらそう思いましたね。あとは参考図書と一般図書を分けてあって、雑誌もまた別のところにあって、それぞれのフロアが結構離れているみたいなところで、うっかり参考図書を参考図書エリアから持ち出すものなら怒られるのは、ああ、ハハハみたいな。じゃあ一般図書は持ち込んでええんかいなみたいな闘いを、人んちで繰り広げるわけにもいかないので。

大谷　言われたら、あ、わかりましたと。

子安　郷土資料室とほかのエリアのものもまぜちゃだめみたいな感じになっちゃうと、気絶。

大谷　図書館人が図書館の作業でなかなか苦労すると言っているということは、普通の人はやっぱりもっと苦労をしているわけですよね。

砂生　そうですよね、わかっていてそうなんだから。

大谷　ちょっと、このテーマからは全然外れますけど、それで図書館としていいのか。私はもっとシームレスな作業環境を図書館は提供すべきだという気はします。いろんな意味でネットもコンピューターも本も。

砂生　そうですね。

子安　Wikipedia の編集をしたことがあって、そのときに

やっぱり同じ状況が生まれるわけです。本も見たい、ネットも見たい、あとは雑誌も見たいし、場合によっては全部ここに取りそろえたいけどできないというのがあって、変な話、全部コピーしてきて目の前に並べればいいんでしょという話なのかなみたいな。それは自分は社会人だから自分が好きでやっていることに対してコピー代を幾ら払うのでもいいけど、それをじゃあ子供とかにも、コピーすればいいんだから、この本は禁退出だし上の階に持っていかないでと言うのかいなと考えると、もう一歩踏み出す必要はあると思いますね。

砂生 鶴ヶ島は指定管理になる前に、AV コーナーを改装して、ICT コーナーというのをつくったんです。そこは参考資料室の中なので、もちろん参考資料室の資料を見ることもできるし、Wi-Fi がつながって電源もあって、雑誌とかを持ち込んでもいいという環境をつくったら結構利用があって。ただ自分は全然使ってないんですけど、いま話を聞いていたら、やっぱりそういう環境って大事なんだなと思いました。

子安 面が割れてるところではできないですよね。

大谷 自分の図書館では、利用者から見ても不審がられますよね。向こうもわかっているわけですから。

砂生 結構、面も割れてる。今日は休みですとか何か札を下げておいて（笑）。

大谷 現実的に、それでもうっかりすると利用者から「何か探してよ」と言われかねないわけで、それはやっぱり無理ですよね。

子安伸枝氏

なかなか不思議ですね。図書館の人が図書館のことで苦労しているって、よくわからない。でも、確かにお金がかかる話ではあるんですけどね。

■読者へのアドバイス

大谷 アドバイスですね。どうでしょうか、皆さん。ただ、私もそうですけど、皆さんも別に1回書いて終わりというわけじゃなくて、例えば更新で、今そういうのも意識しながら湯川さんは書かれているというお話でしたし、1個で終わりというわけじゃないので。何かこう書いちゃうと、もう僕は終わった人で、後に続く皆さんよみたいな感じになりかねないですけど、もう少し気楽に、自分たちも書いている側であるということを踏まえた上で、その辺どうお考えでしょうか。

砂生 私も本当に認定司書の論文を書くまではほとんど書かない人だったんですけれども、これを書いたことによって、その後、書く機会がすごくふえたというのはあるので、きっかけだと思って、つらいけど乗り出してしまえば、その後、少しハードルが下がるというか。

　最近は、何文字書いてくださいって、5,000文字書いてく

ださいとか3,000文字書いてくださいといっても、最初に1万5,000字書いたので、あ、このぐらいかみたいなことで、まあいいですよ、みたいな話にもなってくるので。やっぱり一度クリアすると、その後、機会が広がるので、最初の一歩を頑張ってほしいなと思います。

大谷 その最初の一歩をどう踏み出せばいいですか。

砂生 適当な言葉を、何でもいいから題だけでもいいから書くと、そこから一歩一歩先に進むという感じですかね。

大谷 いかがでしょう。さきほどの紙に書くもあるし、コンピューター上でやってみるとかいろいろあるし、とりあえず章立てしてみる。この場にはあまりいなかったですけど、一方で、とりあえず文章として書いてみるという人も多分いるだろうし、それはそれで構わないと思うので、とにかく、我々は1文字目はつらい、つらいと言っていましたけど、まずは書いて、文字を何かやってみると、それは確かにひとつの考え方ですね。

　私も自分の中で書くのがだんだん重くなっているので、今日のお話を伺ってちょっと反省しています。1文字目をとりあえず書いてみる。よくわからないけどタイトルだけでも書いてみる。そういったことをまずやったほうがいいのかなと私自身思いました。

　じゃあ子安さんから順にお願いします。

子安 はい。先ほどもちょっと言ったんですけど、5分向き合ってみるぐらいの感じで始めてみるのがいいのかなと思い

ます。8,000 字書かなきゃいけないから、時間で換算すると
これぐらいだね、みたいなことを考えちゃうと果てしない気
がしますけど。

大谷　つらい、つらい。

子安　でも、結局いろんなアイデアの積み重ねででき上がっ
てくるのだと思うので、まずアイデアを考えるための5分を
つくってみるというところから始めてみる。そこで出てきた
のがキーワードだったり単語だったりするかもしれないです
けど、でもそれを発展させていけば論文は書ける、やれば終
わりますというのが実感です。

大谷　とりあえずやってみるという、これもひとつの方向性
ですよね。1文字目をまず書いてみて、5分向き合ってちょっ
と考えてみると。確かに完成形を遠くに描いて考えちゃうと、
道は遠いと憂鬱になるばっかりです。だから5分でというこ
とですね。ありがとうございます。湯川さんはどうですか。

湯川　私は自分が書くときもそうですけど、どうしても原稿
用紙 400 字単位で考える癖がついていて、8,000 字という
と原稿用紙 20 枚だなというイメージなんですね。だから、
原稿用紙を1枚書くと 400 字だから、とりあえず 800 字書
いて、それを 10 個書けばいいんだと。10 個のテーマにつ
いて 800 字ずつ書けるように、とりあえず最初の1個を書
いてみようかなというイメージで、何か書くときは大体 800
字書けると一通りまとまったものが書ける。

　皆さんもそんなイメージで書けば、最初の 800 字が行け

れば、あとはいけるんじゃないかなと思います。

大谷 豊山さんはどうですか。

豊山 皆さん文字のことをおっしゃっていたので、私は材料探しのほうで。結構、何を書いていいかわからないという方が多いのかなとは思うので、日ごろ気になることとか、あと、よその図書館を見に行ったときに自分の図書館との違いとかをちょっとメモしておくとか、何かちょっとしたことを気にして、気づけるようになっていたらいいかなと。ちょっとアンテナを張っておくというのはいいんじゃないかなと思います。

子安 確かに、そういう意味では、あ、これだと思った、例えば数字とか見つけたら、それをとっておくといいですよね。それって結構書くときに役に立ちます。自分がやったのだと、例えば何タイトルできたのとか、そういうのってとりあえず終わったという達成感で流しちゃいがちですけど、でもそういう具体的なものがするっとでてくる。

豊山 そうね、データってね。

子安 例えば、ここでこれぐらい利用人数がふえたりとか、滞在時間が延びたりという、いろいろ指標になるものってあると思う。そういうのってどんなのがあって、それはこういうのを出してるんだみたいなのがするっと見つかると、すごくやりやすいですよね。自分でそれを全部一から想像しなくていいみたいなところもあるので、そういう意味では豊山さんの、あらかじめ見たときのことを書きとめておくというの

は、本当にそうだなと思います。

大谷 そうですね、ネタを集めて。やっぱり何かに触れていかないといけないし、そこで多少意識は外へ伸ばしていかないと、そこはちょっと努力が要りますよね。

豊山 そうですね、広がらないですもんね。

大谷 だけど、そうやった上で結論的に言うと、とにかくその人なりの、これは心理的につらくないという範囲でまずはやってみる。それが、例えば章立てでまず書くか、イラスト、自分なりのKJ法かマインドマップかよくわからないですけど、そういうのをまずやる、そしてとりあえずデータとして打ってみて、あ、俺何文字打ったみたいな人も、それはそれでいるでしょうし。あるいは、本当に5分と決めて頑張るとか。とにかくそうやって、確かにある程度気がつけば、それなりのボリュームにはなるだろうと。

　そうなったときに本当の意味で構成とかなんかをちょっと考えながら見ていけば、それなりに全く絶望的な状況ではなくなりますよね。最後の校正は、誰もがそうだと思いますけど、まあ自分で見ていても、まあこれはこうだよねとかと思ってちょこちょこ直してみる。だからといって字数が半分以下になりましたということは、ないんですよね。

　だから、最初にくじけずに基礎単位をつくって、どうやっていくか、なんでしょうね。ただ、どうしても現場でお勤めですと時間とかそういうところで苦労があるから、できるだけハードルは低くして、自分なりに設定したほうがいいんで

しょうね。

子安 そういう意味では、いきなり8,000字書くんじゃなくて、それこそ雑誌とかに投稿してみるとか、そういう機会があったらそっちを先にやっておいたほうがいいかもしれませんね。

大谷 まあそうですね。見開き記事とかですよね。

子安 例えば『図書館雑誌』じゃちょっと大変というんだったら、それこそ県単位でつくっている冊子みたいな話が来たときにやってみる。そうしたら、向こうだって編集がついているわけなので校正もするし、場合によっては、ここってこうじゃないですかと指摘してくれたりするし。そういうのに出すとなったら所属も関係してくるので、所属の人も見てくれるでしょうから、初めはそういう周りからサポートを得られるところにまずは書いてみるというのはいいのかなと思います。

そうすると結構客観的な意見をもらえて、いきなり「とりあえず載っちゃったので、すみません」みたいなのより全然いいと思います。

大谷 いや、最初にすごい完成度って多分どんな人もなくて、現実問題として、後で読んでみると何じゃこりゃというパターンは多いと思うんですよね。だからまあ、そういう意味ではあまり完成度を求めない。ただ、一定のクオリティは、それは確かにおっしゃるとおり編集がついている環境だと、そこはある程度編集が責任を持ってくれますから。編集とし

て振った以上、そこを落とすというわけにいかないから一生懸命直してくれるので、そこも多分一つの考え方ですよね。

　あとどうですか。何か今言った以外にも、こういうのをちょっと頑張ってみてくださいとか、試したらどうですかというのは。

■人と人がつながる良さ

湯川　知り合いが多いといいですよね。自分の館だけじゃなくて外の人とつながると、いろんなネタが集まる。どんな形でも、SNSでも直接でもいいので、そういう人脈とまで行かなくても、知り合いがふえるといろんな会話の雑談の中でいろんな話が入ってくるので。自分も書いてみて、わからないときに聞けたりということがありますので、それは大切だなと思いました。

大谷　それって科学社会学のいわゆるインフォーマルコミュニケーションというやつで、研究者も研究のきっかけは割と同僚との雑談であるとか。別にそんなに研究者も、ひたすら本を読んで、そこからこれが研究だという感じでもないんですよね。何となく日常のぼーっとした会話の中で、「あ、そうなんだ。ほんとにそう？」みたいな感じで、じゃあやってみるかと、そのパターンは結構多いですから。

子安　それこそ図書館関係者のみんながこんなイベントに行こうと思っているんだというを見たりすると、じゃあこれは

割とトレンドなのかなと思います。私は何人か、この人という図書館員がいて、その人たちが主催していたり参加するイベントなんかはすごく気にします。今こういうことにこの人は興味を持っていて、そこを開拓していきたいみたいなのがわかると、自分のところでどうするのかなということも考えますし、じゃあ自分のところで協力できることがあるのかなみたいなことも考えたりしますね。そこから、そのことについてやっている過程の中で何かを書いたりするということが結構あるかなと。

大谷 そういう要素は確かにあるでしょうね。ある程度日常的に意識をちょっと変えてみるとか、人脈づくりというか。人脈というからには、一方的に「教えてください」だけでは成り立たないので、さすがに「自分でもこう思います」ぐらいは言っておかないと、相手にもしてもらえないですから、そういうことを積み重ねてみる。

砂生 私は、認定司書連絡会というFacebookグループがあったので、そこで初めてFacebookをやってみました。そうしたら知り合いがぶわーっと広がって、そこでいろんな情報を知って、この日にこんなイベントがあるんだということで出かけたりしました。SNSでいいからまずは誰かとつながってみる。今、結構Facebookの中が日本中の図書館界の重鎮さんと知り合えたりできるすごい世界になっているので、まずはそこをのぞいてみてもらいたいなと思いますね。

大谷 豊山さん、どうですか。

豊山 私はもっと身近なほうでいいのかなと思っていて、図書館員同士は図書館員同士でつながりたいんですよ、だけどそれじゃだめなんです。言語が違っちゃうから。なので、やっぱりほかの人ともつながれたら。もちろん図書館員の人たちのほうが密につながれるんですけど、私が全然わからない。それこそ商工会の集まりにいきなり行って、「見せて見せて」と自分から言って、自分が名刺を出しても相手から出してもらえない、というようなアウェー感を図書館員は味わっていかないと、やっぱり認めてもらいにくい。

　「認定司書を取りました」といっても、「どういうこと?」って、「今まで司書じゃなかったの」とか言われることもあるので、「こういうことでこういう文章を書かせてもらってね」と、「みんなから教えてもらったこともあってね」とか言って、そうすると「あ、じゃあ自分たちも役に立ったってこと?」とかいう反応が返ってきたりする。こういう人たちともつながりを大事にしていかないと。他業種とかいうお話もありましたけど、ほかの人とのやり方というのも勉強になるかなというのはすごくありますね。

砂生 地元では異業種と、遠くでは同職種とつながると良いと聞いたことがあります。

大谷 湯川さん、いかがですか。

湯川 私は今、学校にいるんですけど、学校の人たちって皆さん学校の人たちで固まっちゃって、公共の人は公共で固まる傾向があります。私は公共にいたので、学校に来たときに

そういうのをひしひしと感じました。自分が学校の人とつながるよりも、公共の人に「学校見に来てね」と言ったり、私が間に入ることによって公共の人と学校の人をつなげることができたりするとか。自分がもうそろそろつなげる仕事をしなきゃいけないのかなと思い始めてきています。

大谷 逆に言うと、後に続く人はそういうのに乗っかって、あまり内輪だけじゃなく、そういうところとかに行くべきではないでしょうか。

子安 そうですね。私、実は今の県立に来るまではそういうつながりとかって全くなかったんですけど、郵研社さんから本を出している高野一枝さんという方に出会って、いろんな人と名刺を交換し合う機会を得ました。その方は一度会ったら親友みたいなスタイルの方で、どちらかというと、遠慮しているぐらいなら言ってみて、だめだったらだめでいいじゃないという感じの方なので。

そのスタイルを見習って、名前とか顔とか覚えてもらえないかもしれないけど、でもとりあえず「こんにちは」というのは自分で言ってみようかなというところを修業して、ちょっとつながるというか、人とやりとりするというののハードルをだいぶ下げてきたかなと思います。

全くそういうことをしてなかったころの自分よりも、アウトプットするのもインプットするのも楽にできるようになっているというのがあるので、やっぱりそういう出会いがあったらと。

それは別に高野さんだけじゃなくて、いろんな方との出会いがそういうのをもたらしてくれるのかなと思うので、自分の中で何かこう新しい風が来たなと思ったら、ぜひそれをつかんで、それに乗ってみるというのはいいと思います。

大谷　今の湯川さんの話の裏側というか、つなげて機会をもらったときの話になりますよね。

子安　そうですね。自分は機会を与えたことはあまりないですけど、ただ、誰か紹介してと言われたときに、この人、この人みたいなのはできるだけするようにしています。

大谷　そうですね。ただ同時に、認定司書というか、キャリアを積んでいけば、一方的につないでもらって広がるという立場から紹介する立場にだんだんなっていくわけで、その辺でいかにつないで、またそれに乗っていくかと。きっかけを生かすか生かさないかは、それはキャリアを考える上でも大事だと思います。

砂生　大事ですよね。

子安　多分これから先々、ほかにこの論文以外に何か書くとか、あとは何か社会貢献活動があるわけですよね。認定司書としてやっていくべき活動というのを考えたときに、そのつながりを生かしてやる。例えば何かの委員だったりもするでしょうし、あとは書くときもそうだと思うんですよね。ちゃんと誰かに貢献できるものを書くということができるのかなと思うので。

大谷　認定司書の社会貢献活動が出たところで、これでちょ

うどもう時間もいいところですので、とりあえずの結びとしたいと思います。ありがとうございました。

（終了）

第4章
まばゆい認定司書のための論文指南

論文的な文章の作法

大谷　康晴

（日本女子大学文学部准教授、日本図書館協会認定司書事業委員長、
日本図書館協会認定司書審査会委員）

1　論文的な文章とは

　大学というところで働いているとさまざまな人たちのさま
ざまなタイプの文章を見かけます。ビックリするくらい上手
な文章を見て「自分もこれくらい書けるようになれればなぁ」
と思うこともあれば、「あれれ？　どうしちゃったの？」と首
をひねることもあります。そして、後者の中のかなりの部分
は、書いている人の能力とは関係ないところでガッカリして
います。

第4章　まばゆい認定司書のための論文指南　　147

　では、どこでガッカリしているのかというと、文章の種類に対応した書き方があるのにもかかわらず、そのスタイルで書けていないからです。つまり、文章にもTPOがあるのに、TPOを合わせていないため、当人としては一所懸命書いているにもかかわらず、文章として評価以前の代物になってしまっているのです。

　このような残念な文章について、もう少し具体的に示してみましょう。たとえば、図書館評価を対象とした授業科目で「あなたのよく知る図書館を図書館の評価指標を使用して評価しなさい」というレポートを出すとします。当然授業では、蔵書密度や貸出密度といった指標の定義や（評価判断の目安として）これらの指標の全国平均とかを説明しています。この場合、正しいレポートとしては、まずは対象となる図書館のそれぞれの評価指標を計算したうえで、その指標の数値から良い図書館なのかダメな図書館なのかを導くことになります。この作業をしっかり行ってから多少の感想や何らかの考察（前提となる課題に対応したうえで、図書館の評価指標の問題点を触れてくれれば、さらによし、です）を盛り込んでもらえれば気持ちよく高い評価をつけることができます。

　ところが残念なレポートでは、評価指標の扱いもそっちのけで、自分が知っている図書館がいかに「良い図書館」であるのかを説明しようとします。自分の個人的な体験を語ることもあります。図書館の評価指標には限界がありますし、お気に入りの図書館が低評価になることに対して釈然としない

気持ちは分かりますが、授業の講義内容を押さえているかどうか、評価指標を使いこなせるようになっているのかどうかを確認したくてレポートを課しているのに、これでは成績評価はできません。どんなに熱く語っても、むしろ熱く語るほど評価は低いものになってしまいます。

このような状況になぜなってしまうのでしょうか。理由として、自分のお気に入りの図書館の評価が、自分の心情とバランスが取れていないことに対する反発が原因のひとつではあるでしょう。同時に、自身の思うところを何とか伝えようとしているのでしょう。

しかし、このような動機は論文的文章によって伝えるものとはかけ離れたものだと思います。論文というものを考える時に、自身の強い思いを前面に出して相手に伝えて説得しようという考えをまず捨ててください。論文的文章とは、声の大きさや熱量で相手を説得するものではありません。

では、論文的文章とはどのようなものであるのでしょうか。佐々木健一氏（フランス思想史、東京大学名誉教授）は、『論文ゼミナール』（東京大学出版会、2014年）という本の中で論文の特徴について次のように説明しています。

（1）一人称的要素を排除する
（2）価値評価を差し控える
（3）情感的な発言をしない

これらの特徴は意外に思われるかもしれません。人によっては間違っていると思うかもしれません。しかし、仕事の一部として他人の文章を読み、判断してきた人間の一人としては、才能と関係なく他人を説得するための文章とはこのようにあるべきと思わざるをえません。論文的文章とは誰もが納得せざるをえない事実や推論を重ねていくことによって生み出される文章であり、ある程度技術として修得できるからです。

もちろん、実際の論文が全ての人にとって完璧に納得できるものになるとは限りません。しかし、著者が上記の特徴を守ることを放棄して「私が」「よいと思うから」「こうあるべきだ」という文章を書いた場合、その文章はエッセイや感想文であるという判定が下されることになります。

それでは、具体的にこれら三点の特徴を見ていきましょう。まず（1）に登場する一人称的要素とは、書き手が前面に出てきているかどうかを表しています。「私は」という表現を使わないように、という指導を卒業論文の時に受けた人もいるかもしれません。筆者個人としては、そこまで徹底しなくてもと思いますが、実際問題として著者の人格が出てきている文章はどうしても主観が多くて、客観性の観点で問題が生じやすくなるのは事実です。「私」という存在を文章の中に呼び出さなくても、計測されたり、観察されたりした事実をきちんと提示し、その事実に基づく妥当な推論とその結果を

提示することで読者は自然に著者の論旨の通りに考えるしか
ないと納得できます。

（２）の価値評価を差し控えるというのも意外に思うかも
しれません。実際、全ての要素について価値を相対化して考
えることは困難です。特に図書館という実際の社会に存在す
る機関を考えていくためには、ある程度の価値評価に依拠し
なければなりません。たとえば、「図書館の自由」にしても、「表
現の自由」が価値あるもの（良いもの）という前提がなけれ
ば成り立たない議論です。

したがって、実際の注意点としては、可能な限り価値評価
を持ち込むことを避けるし、必要に応じて随時検証していく、
といってよいでしょう。「図書館の自由」の例でいえば、「図
書館の自由」を原理原則から考えていく上で、「図書館の自由」
は大事なんだという発想のままでいる限り結局「『図書館の
自由』は大事なんだ。なぜならば大事だからなんだ」という
論旨から離れることは困難でしょう。「表現の自由」は重要
な基本的人権であるという認識は前提としていても、いった
んは「図書館の自由」が大事であるという思い込みから離れ
て、さまざまな検証を行っていく必要があります。その検証
によって「図書館の自由」の重要性は読者にとってより確か
なものとなります。

（３）の情感的発言は、（１）と（２）の結合した結果にな
ります。佐々木氏は以下のように指摘しています。

一人称性、つまり「私」の意見であること、価値評価
は一体となって、情感的な文章を生み出しています（『論
文ゼミナール』）。

　「私」が信じる価値体系を前面に出していくと、その主張
の検証は他人にはまったくできないものとなります。ある対
象をある人が好きになる情動は、究極的には他者は共有でき
ません。図書館員による外部に向けた文章を拝見していて、
自分の信じる図書館のサービスが好きであるということが主
張の核となっていることがあからさまに透けている文章を見
ると残念に感じます。図書館界という狭い業界の中では、そ
の価値体系を共有している人が多いため問題にされなくて
も、図書館を評価していない人たちや何とも思っていない無
関心な人たちから見ると、根底から共感できない以上、どこ
まで行っても平行線になるだけです。関心の持てない他人の
趣味を、熱く語られても面倒であるのと同様です。
　しかし、時にそれまで関心が全く持てなかったものに他人
の説明をきっかけに興味を持つことはあります。このような
態度になる要因のひとつとしては、説明してくれる人の説明
が巧みであることが挙げられます。文章も読み手が人間であ
る限り、書き手の才能によって情感的な表現に引き込まれる
ことは当然ありうる話です。ありうる話ですが、普通の人が
普通に文章を書く時に、どこまで魅力的な情感的な文章を書
くことができるでしょうか？　あるかないか分からない才能

に期待するよりは、昔から行われてきた作法で文章を書いた方が目的を達成する可能性は高いでしょう。

2　論理的に展開していくには

　さきほど、私は「論文的文章とは誰もが納得せざるをえない事実や推論を重ねていくことによって生み出される文章」と書きました。また、「計測されたり、観察されたりした事実をきちんと提示し、その事実に基づく妥当な推論とその結果を提示することで読者は自然に著者の論旨の通りに考えるしかないと納得できます」とも書きました。このように書かれても、「では、どうすればよいのか？」という感想を持たれた方もいるかもしれません。そこで、ここでは、論理的な展開の例を簡単に紹介したいと思います。なお、この展開の方法は、河野哲也氏（哲学、立教大学）の『レポート・論文の書き方　第４版』（慶應義塾大学出版会、2018年）のテキスト批判の方法に従っています（なお、以下展開の例を挙げていますが、あくまで仮想上のものであって、実際のものではありません）。

　さて、河野氏は、以下の四つの類型を提示しています。

（１）反論―否定的結論
（２）反論―代案の提示
（３）限定的肯定―補足・代案の提示

（4）批判的検討―肯定

（1）の反論―否定的結論とは、ある主張や議論を批判していき、否定的な結論を出すというものです。具体的な作業としては、対象となる議論や主張に対して疑問点を見つけて反論を提示していくことになります。

たとえば、都市圏の中心部に立地のある図書館で貸出実績は普通であるけれども、高度なレファレンスサービスで高い評価を得ているとします。そして、その結果をもって、日本のすべての図書館でこれからはレファレンスに力を入れるべきであるという主張があったとします。この主張に対しては、日本のすべての図書館が都市圏の中心部にあるわけではない以上、すべての図書館がレファレンスに力を入れるべきであるとはいいきれないという反論がまず考えられるでしょう。それ以外にも、主張を支えている根拠や図書館を取り巻く環境に着目して、その図書館がかなり特殊なものであることを示して、すべての図書館に適用できる話ではないという主張ができそうです。

ここで大切なのは、対象となる主張や議論の疑問点を根拠に基づいて指摘していくことです。それがない状態では、単なる感情的な反発と受け止められる可能性があります。徹底的に批判する態度を貫けばよいので比較的容易に採用できるのですが、根拠に基づいて議論を展開していくという心がけが必要かもしれません。

次に、（2）の反論―代案の提示です。これは、反論して元の主張や議論に問題があることを示したうえで、自分が元の主張よりも優れていると考える代案を提示するものです。先ほどの例でいえば、都市圏の中心部で高度なレファレンスが高い評価を得るのは、都市圏の中心部に高度な知識を基盤とする業種に従事する人が多くなるからであると考えられます。もしそうならば、評価されたのはレファレンスというサービスというのではなく、地域のニーズに適応しているからなのです。すべての図書館が考えるべきなのは、やみくもに高度なレファレンスを提供するのではなく、その地域のニーズを洗い出して、そこに適切なサービスを提供する代案を提示することです。

　そして、（3）の限定的肯定―補足・代案の提示です。これは、ある部分は肯定するものの、一部に問題や課題を抱えていると指摘して、その部分に対処する補足や代案を提示しようというものになります。

　この展開の例は次のようになります。「近年いくつかの図書館では、利用者の利用記録を表示するサービスを実施している。近年自分の読書記録を残すことに肯定的であることを踏まえて、このようなサービスを提供することは意義があるだろう。しかし、個人情報を扱う以上サービスを提供する前に利用者の明確な意思表示を取り付けるべきであり、そうでないならば利用するべきではない。」

　ここでは、利用記録を利用したサービスそのものは肯定し

ていますが、その前提となる条件を提示してそれがなければ提供すべきではないという補足を行っていることになります。

そして、最後が（4）の批判的検討―肯定です。これは考えられる批判的な意見を検討して批判的意見への反論を行い、最初の主張を肯定しようというものです。このスタイルは、読み手から見て不足なく考えられる全ての批判的意見を提示しなければなりません。そして、そのすべてに対してそれなりに納得できる反論を用意する必要があります。したがって、かなり難易度が高くなり、個人的にはこの方法が一番難しいと考えます。

3　おわりに―根拠の用意

ここまで見てきた論理の展開は、いずれもある主張に対して、書き手が根拠を示しながら書き手の主張を提示していくという手続きを行っています。つまり、論文的文章を書いていくためには、ある主張に対して賛成するにせよ反対するにせよ、その根拠をきちんと用意する必要があります。

ここでいう根拠には、さまざまなものがなり得ます。たとえば図書館の事例であり、統計データであり、過去に書かれた文章です。ただし、図書館員の場合、自分の勤務する図書館の事例は身近にある分だけ注意が必要でしょう。その図書館が一般的なものなのか、特色あるものなのか見極めが必要です。全国の各地域、そして図書館を訪問して感じるのは、

自らの特徴をあまり把握していないということです。自分にとって「普通」でも、他者にとっては「特色」ということがあるのです。その上で、自分の図書館の事例が他の図書館にも、共通するのかしないのか、じっくり考えていくことで説得力のある主張につながっていきます。

また、図書館が身近にあり、日頃から資料や情報の探索のスキルは磨いているはずですので、ぜひ様々な資料やデータを参照していきましょう。図書館の政策や運営方針について書かれている論説的な文章なのに、国・自治体の政策文書が何も参照されていない文章を見かけることがあります。国や自治体のスタンスへの賛否はともかく、まずは内容を確認して、そして参照していきましょう。全部分かっているはずの文書でも、改めて見てみると、自分の思い込みで正確ではない理解をしていたということはよくあることです。きちんと参照していくことで、思い込みによる誤った内容を書くことを避けられますし、客観的な議論を行いやすくなります。

いわゆる研究者の学術的な文章を完璧に書くことのハードルが高いのは事実です。しかし、これまで指摘してきた点に注意することだけで、きちんとした文章にグッと近づくと思います。声高で扇動的な内容で引き付けるのではなく、きちんとした手続きで他者を説得することこそが専門職に求められている態度だと思います。図書館の外への説明能力がますます求められている現在だからこそ、論文的な文章の作法に拠って外部に発信をしていくことを望みます。

第5章
きらめく認定司書の論文集

高齢化社会における
図書館サービスのあり方について
～移動図書館の可能性への考察

森戸　孝子

佐賀県 伊万里市民図書館
（日本図書館協会認定司書 第 1127 号）

　2016 年 1 月、伊万里市に 49 年間営業してきた唯一の百貨店が閉店しました。

　市民の日々の生活の買い物をする場として、当然のように旧市街の中核にあった百貨店がなくなることは、町の商店街の凋落を決定的なものとしました。

　この閉店を境に、身近な買い物をする場を失った高齢者が、自分たちの日々の生活を支える食品の買い物すら困難となる事態に至りました。こうした事態を見かねた八百屋さんが、移動販売を思い立ち、高齢者の方々から大変感謝されている話を聞きました。このことからこれからの図書館サービスの

ヒントのようなものを感じたところです。

　少子高齢化と言われ、核家族化はもとより、独居の方が多くなってきていることは、全国どの地方自治体でも同じです。こうした人と人とのつながりを大切にするサービスが求められているのは、図書館サービスも同じだと思います。

　人と人がつながる図書館サービスを考えた時、第一に浮かぶのは移動図書館ではないでしょうか。移動図書館には、統計の数字には表わせられないサービスの原点があります。

　そこで、今回改めて移動図書館の現状や課題を見直し、高齢化社会におけるこれからの図書館サービスの可能性を、下記の項目に従って探ってみたいと考えます。

第1章　移動図書館の現状と課題
　　　〜人口別活動状況においての比較から〜

第2章　移動図書館の活躍の場
　　　〜日本国内・世界の例をあげて〜
　1　伊万里市民図書館の巡回方法
　2　国内のさまざまな移動図書館の形
　3　海外のさまざまな移動図書館の形

第3章　民間の力「とくし丸」の例をもとに考える
　1　「とくし丸」とは

2 「とくし丸」に学び、これからの移動図書館に活かす
　ためには

第4章　伊万里市での高齢者サービスの動きと関わり方の
　　　　可能性
1　伊万里市地域包括ケアシステムについて
2　特定非営利活動法人　ＮＰＯ栄町地域づくり会の活動
　について

第5章　まとめ

第1章　移動図書館の現状と課題
〜人口別活動状況においての比較から〜

4万人未満・4万人以上6万人未満・6万人以上10万人未満の市立図書館での比較

　移動図書館の巡回場所と、その中での高齢者関係の施設数を『日本の図書館 2015』（日本図書館協会）[1]で調べました。（資料は各図書館ホームページ掲載による巡回案内を参照）その結果をまとめたものが表①です。
　自治体の奉仕人口や市域、財政状況により、図書館の規模

は異なりサービス方法も違います。移動図書館でのサービスを行いたくても、持てない自治体があるのも現実でしょう。図書館 1,056 館の中で、移動図書館を有している館は、349 館で全体の 33.0% です。私の調査前の予想としては、4 万人未満の市立図書館の所有率が少ないのではと考えましたが、人口の三段階の比較では、36.4% 所有となり、予想を裏切り一番多い結果になりました。

また市町村合併に伴い、市域の広がりと共に図書館自体の分館が増えた自治体も多いと思われます。

移動図書館を複数台所有している自治体が多くありました。中には、4 分館で 4 台を所有している自治体が 2 市、5 分館で 5 台を所有している自治体が 1 市ありました。

（1）分館を持たない図書館に注目して考えてみる

移動図書館の所有館で、分館を持たない自治体は、4 万人未満：36 市、4 〜 6 万人：24 市、6 〜 10 万人：32 市となっていました。

その自治体の中で、2 台の移動図書館を所有している市は、6 市です。その市域を調べてみますと、4 万人未満で陸前高田市、4 〜 6 万人で雲仙市・伊万里市・宮古市、6 〜 10 万人で佐伯市・田辺市となっていました。

国土地理院による「面積の大きい市区町村（20 位）」[2] によりますと、宮古市が 12 位になっており、他の 5 市は入っていませんでした。

また面積の大きい 20 位に入った 15 の市の図書館の状況を調べてみました。

15 市全ての市に分館があり、2 位の浜松市では本館を含めて 24 館、15 位の富山市でも 24 館と、どの市も分館がある自治体ばかりでした。もちろん、移動図書館を持つ自治体も 9 市ありましたが、やはり市域が広くなると、分館の果たすべき役割が大きく、その上で移動図書館の力が発揮されるのではないでしょうか。

（2）高齢者向け施設への巡回の状況

表①で調べたように、高齢者向けの関係施設への巡回場所数は、4 万人未満：86 箇所、4 〜 6 万人：93 箇所、6 〜 10 万人：131 箇所でした。

これは、表①の各人口段階では全体の約 4.9％〜 5.4％にあたります。社会の高齢化に伴い、もっと数値が上がるのではと予想しました。自治体によっては、高齢者向け施設への巡回が行われていないケースもありました。

参考までに、伊万里市の場合は、72 の巡回場所数の内、高齢者関係は 8 箇所で、全体の 11％にあたります。新しい高齢者施設は増加傾向で、移動図書館への巡回依頼も増えてきています。次の章でも触れますが、巡回先を増やすとなると、巡回日程を変更するか、または別の巡回先を廃止せざるを得ないのが現状です。

どの自治体も、長年の実績を積み、移動図書館の各巡回コー

表①市立図書館の自動車図書館の状況

出典:「日本の図書館 統計と名簿 2015」

	人口4万人未満の市立図書館	人口4万人以上6万人未満の市立図書館	人口6万人以上10万人未満の市立図書館	合計 人口10万人未満の市立図書館
図書館数	283館	332館	441館	1,056館
自動車図書館所有館数(%)複数台所有	103館(36.4%) 2台：12館	96館(28.9%) 2台：10館 5台：5館 ※ⅰ	150館(34.0%) 2台：17館 3台：7館 4台：8館 ※ⅱ	349館(33.0%) 2台：39館 3台：7館 4台：8館 5台：5館
分館を持つ自治体数(内自動車図書館所有数)	77自治体(29) 2館：49(22) 3館：18(3) 4館：5(2) 5館：2(0) 6館：2(2) 7館：1(0)	80自治体(23) 2館：37(9) 3館：21(8) 4館：13(4) 5館：3(1) 6館：3(0) 8館：2(1) 9館：1(0)	96自治体(33) 2館：32(8) 3館：24(11) 4館：13(7) 5館：9(4) 6館：13(2) 7館：1(0) 8館：1(0) 9館：2(1) 10館：1(0)	253自治体(85) 2館：118(39) 3館：63(22) 4館：31(13) 5館：14(5) 6館：18(4) 7館：4(1) 8館：1(0) 9館：3(1) 10館：1(0)
自動車図書館所有館で分館無しの自治体数	36 1(陸前高田市)	24 3(雲仙市・伊万里市宮古市)	32 2(佐伯市・田辺市)	92 6
全巡回場所数	1,706	1,626	2,408	5,794
高齢者施設関係巡回場所数(%)	86箇所 -4.90%	93箇所 -5.70%	131箇所 -5.40%	310箇所 -5.40%
高齢者向け巡回場所が無い図書館数(%)	72館 -69.90%	48館 -50.00%	66館 -44.00%	186館 -53.20%

『日本の図書館 統計と名簿 2015』では表記が自動車図書館である
分館も1館とあげてある図書館は数値にあげる
ＢＭ所有館数：分館、駐車場に表記してある本館・分館を数に加える
ホームページ上での巡回先公表無しの場合は、高齢者向け巡回無しへ加える
※ⅰ 5台所有館：分館含め5館で5台を所有する自治体が1箇所
※ⅱ 4台所有館：分館含め4館で4台を所有する自治体が2箇所

スが設定されているはずです。現在の巡回コースの中に新しい場所を組み込む場合は、やはり全体の見直しが必要になると考えます。

まずそのためには、自分達が暮らす自治体の環境や状況を知ることが重要だと思います。

この前提に立ってこそ、自治体における図書館として、どのようなサービスを展開していくべきかを論ずることが出来るのではないでしょうか。

では次に実例をあげながら、今何が移動図書館に必要なのか検証し、明日のより良いサービスへつながる一歩を見つけていきたいと考えます。

第2章　移動図書館の活躍の場
〜日本国内・世界の例をあげて〜

伊万里市民図書館では、平成3年にサービスを開始した移動図書館「ぶっくん1号」と、平成5年に新たに加わった「ぶっくん2号」との2台で市内巡回をしています。2台での巡回となり、平成28年で23年目に入りますが、伊万里市民図書館サービスの原点であるといえます。

広域な市域を持ち、分館が無い伊万里市民図書館が、全域平等の図書館サービスを行おうとする場合、移動図書館の役割は非常に大きいものです。

これにもう1台増えれば、今できていない地区や学校等

への巡回が可能となり、本当の意味での全域平等のサービスが実現できるかと思いますが、財政面や職員数等の問題で現状に甘んじています。

しかし今回、全国の移動図書館の状況を調べていく中で、同じサービスを提供するに当たって、各自治体でさまざまな方法があることに気づきました。

ここで、伊万里市民図書館の現状や課題や、国内・世界の移動図書館のサービスで興味深い例をあげました。限られた予算、職員数の中で、できないことを嘆くのではなく、移動図書館サービスの新しい方向を見つけるきっかけになるかと考えました。

1 伊万里市民図書館の巡回方法

伊万里市民図書館では、移動図書館2台により、平成28年度は、72ステーションを2週間に1回巡回し、利用者はひとりだけの公民館から18学級ある大きな小学校への貸出まで、幼稚園保育園、小中学校、特別支援学校、高齢者向け施設、病院、企業、公民館等、その巡回先に合わせたさまざまなサービスを行っています。そして、現在の72ステーションは、約20年間の巡回の中で築き上げたものです。

（1）巡回方法の現状について

16コースからなるさまざまな巡回先は、町ごとに順路付

をしています。広域な市内巡回には、まず片道30分かけて一町に出向き、図書館に帰館する道中を、各巡回先の時間に合わせて、各ステーションに寄る形で実施しています。

　一つの巡回例は、次のとおりです。
　保育園等⇒公民館⇒高齢者向け施設⇒小学校⇒病院等または保育園⇒特別支援学校

　小学校への巡回は、受け入れ時間が昼休みになっており、それにより各コースの順序が決まります。幼稚園保育園等では、まず絵本等の読み聞かせをして、お話の楽しさの世界を体感する時間を取り、貸出へつなげています。
　また、社会の高齢化に伴い、高齢者向け施設からの移動図書館への巡回希望が、年々増えてきています。
　しかしながら、新しい巡回先を増やすとなると、他の巡回先を廃止するか、2週間に1回の巡回数を1ヶ月に1回に切り替えるなどしない限り、希望に添えないのが現実です。
　業務形態に言及すると、乗務は司書1名、運転手1名の2名体制となりますが、運転手は運転業務だけにとどまらず、各巡回先での貸出返却等の作業もしなければなりません。司書が読み聞かせで保育園の園舎内にいる場合は、一人で利用者へ対応しなくてはならず、人への対応が厭われる方では、勤めは果たせません。

（2）伊万里市の移動図書館の課題

　伊万里市民図書館は移動図書館２台を所有していますが、現在の財政状況から考えても、職員体制、台数もこれ以上増えることはないと思われます。

　この前提に立って、さらなるサービス向上をどう果たしていくかということが、これからの課題になります。

　前述しましたように巡回先を増やす場合は、別の巡回先を廃止するか、巡回日程の調整をしなくてはならないといった、納得しての選択ではないという状況です。

　しかし、本当にこの方法しかないのでしょうか。

　そこで、日本国内や国外の例をあげて、新しいサービスにつながるヒントを探ってみました。

2　国内のさまざまな移動図書館の形

　国内の移動図書館を調べていくと、サービスや巡回方法に対しての考え方の違いから、さまざまな形があることがわかりました。そこでいくつかの例をあげて、サービスへの可能性を探ってみます。

（1）場としての移動図書館
　①新庄市立図書館 (山形県)
　　【kitokito MARCHE（キトキトマルシェ）】 [3]
　　　青空のもと、第３日曜日に行われるマルシェへの移

動図書館の参加です。

　手をかけ育てた野菜や食べ物、雑貨等の販売マルシェに、図書館も毎月テーマを決めて参加しています。待つだけの図書館から脱却し、積極的に情報を発信する図書館を目指しています。

※マルシェには、図書館に来ない人、来られない人との出会い、図書館だけではできないことがあります。新たな利用者との出会い、新たな本の楽しみ方へつながるはずです。

②水俣市立図書館（熊本県）

【動くえほん館「みなよむ号」】＊4

　出版社から寄贈された絵本キャラバンカーを「動くえほん館‘みなよむ号’」として、市内の教育施設やイベントに派遣。絵本を楽しむ場や機会を提供しています。

※キャラバンカーの派遣は、希望するところが申込むことになっています。

③鹿角市立図書館（秋田県）

【十和田図書館　わんわん図書館】＊5

　狂犬病予防接種の会場において、移動図書館での本の貸出を行います。図書館裏が予防接種会場となっており、図書館内に入らなくてもワンちゃんと一緒に本を借りられます。

※図書館に来られない方を、利用へつなげられるチャンスです。待ち時間もあるため、参加者にとっても楽しい

場づくりになるのではないでしょうか。

④江津市図書館（島根県）

【おでかけ図書館〜移動図書館〜】*6

　島根県立図書館より借り受けした約300冊を積んで、市内のイベントへ出向き、出張貸出をします。

※県立図書館の本のため、地元江津市図書館には無い本が多いのがメリットです。

⑤真庭市立図書館（岡山県）

【真庭市立図書館ぐるっと1周スタンプラリー】*7

　分館7館をめぐるスタンプラリーバスの開催　《参加費500円の申込み制》。分館7館を1周するバスを運行します。参加者はバスに乗り、各分館をめぐりスタンプを集めていくシステムです。

※期間限定のイベントではありますが、交通手段がなく図書館に行けない方や、普段は利用しない分館を巡ることで、新しい図書館の発見につながるのではないでしょうか。ちょっとした小旅行気分で、非日常を味わえるのかもしれません。

（2）企業による移動図書館の動き〜社会的責任として〜

　①楽天株式会社

【楽天いどうとしょかん】*8

　復興支援と教育振興を目的に福島県で運行を開始し、小さなコミュニティとしての役割を果たしてきていま

す。日本国内では、北海道、福島県、岐阜県、群馬県、島根県で運行しています。

※2015年秋より、フランスでも運行開始。

　フランスの現地ＮＧＯとの共同で、フランスの子どもたちを支援する活動

運行地域：識字率の低い子供が多い傾向にあるフランス北部の地区で展開

運行目的：本を読む楽しさを知る機会を提供することで、運行地域における子どもたちの識字率向上に寄与することを目指しています。

②伊藤忠商事株式会社

【インド移動図書館プロジェクト】＊9

※社会貢献活動基本方針：「次世代育成」

　インド社会における約1800万人いると言われているストリートチルドレンを対象に、青少年の健全育成を支援する活動を行っています。

　子ども支援専門の国際組織である公益社団法人セーブ・ザ・チルドレン・ジャパン（SCJ）とともに、インドにおける移動図書館プロジェクトを実施しています。

以上、国内における様々な形の移動図書館の例や、企業の取り組みをあげてみました。

取り上げた企業の活動展開をみるにつけ、こうした文化的貢献は、企業のイメージアップにつながるとともに、新時代

の企業の社会的責任の取り方を提案しているようにも感じます。

　公的立場から考えますと、豊富な財源が可能にした優良企業の活動とも言えるかもしれません。しかし、移動図書館を持てない、図書館も運営できない、財政基盤の弱い自治体を考えた場合、こうした企業は頼りになる存在になるかと思います。

　そして何より、情報としてこのような企業プロジェクトがあることを知ることは、大切だと考えます。

　また、国内の例としてあげた図書館は、いずれも移動図書館の巡回例ではありません。そこに移動図書館が存在し、その場が即席で本のある広場になるのです。

　マルシェへの参加や、狂犬病予防接種会場においても、図書館や本を借りることが目的ではない方々へ、図書館の魅力や本の楽しさを発見してもらい、新しい利用者へつなげることができるのです。それに、普段は出会えない事業主催側の担当者ともつながりができ、新しいサービス展開への活力になるはずです。

　月に１回、２週間に１回、移動図書館を定期的に巡回できることは、当然のサービスですが、本当は贅沢なことだとも気づかされました。

　公・民の違いはあれ、いずれの機関もサービスの基本には、子どもたちや地域のみなさんのために本を届けたいという真摯な思いがあるはずです。

3　海外のさまざまな移動図書館の形

　海外にはさまざまな形で本を貸出している国があります。それは自動車での移動図書館だけにとどまりません。たとえ図書館を支える財源や人に事欠いても、そこに本を届けたいと思う人がいれば、そこに図書館ができることを世界は教えてくれます。

　では次に、海外の例より、興味深いものをとりあげてみましょう。

（１）待っている人のもとに本を届けたい
　　①ラクダやロバが運ぶ図書館
　　　今、海外図書館や移動図書館を紹介した本が、数多く出版されています。特に児童書の『こないかな、ロバのとしょかん』*10 や『図書館ラクダがやってくる』*11 等では、さまざまな動物たちが登場し、図書館や本を運びます。ここで注目するべきは、単に動物が運ぶことではなく、どうにかして本を届けたいと思う図書館員たちがいて、その奮闘ぶりを紹介しているところです。
　　では、いくつかの国の例をあげてみたいと思います。
　　（ア）　ラクダの図書館：ケニア共和国　遊牧民の子どもたちに本を届けたい！*12

砂漠のため四輪駆動自動車も通行できない環境の中、遊牧民の子どもたちに本を届けるために、図書館員たちは、ラクダでの輸送を行っています。

※図書館ラクダ1頭で、重さ200kg、500冊の本を運べます。また、モンゴル国のゴビ砂漠の遊牧民の子どもたちへも、馬車やラクダによる移動図書館が活躍しています。

（イ）ゾウの図書館：タイ王国　山奥の人びとに本を！[13]

タイでは水田を耕したり、穀物を運ぶ手段として、ゾウが使われてきました。識字普及活動としても、先住民族が住む山奥等に、ゾウによる移動図書館が活躍しています。

　ラクダやロバ、ゾウ等、動物による移動図書館は、地区によっては最も経済的かつ地理的条件に合致した手段として実施されています。

　本に出会う機会がない人々に、どうにかして本を届けたいという思いは、世界中のどの国の図書館員であっても同じだと考えます。それはまた、図書館員の誰もが大切にしたい思いでもあるのです。

②自転車から自動車、船まで〜地理にあわせた移動図書館〜

　移動図書館といえば、トラックやバスを改装した自動車図書館が多いですが、他にも次に紹介するようなさまざまな方法がありました。

（ア）　大型トラックやトレーラーによる移動図書館：
オーストラリア[14]

　オーストラリアの自動車図書館は日本より車両が大き
く、より積載冊数も多くなります。太陽光パネルによる
自家発電でコンピュータ等を動かし、地域を巡回する姿
はまさに動く図書館です。

（イ）　自転車による移動図書館：

　『世界の不思議な図書館』[15]によりますと、「自転車
を使った移動図書館は世界中で次々と誕生している。ペ
ダルを踏んで地域の人々に本を届けるという図書館サー
ビスは数多い」とあります。

　米国アリゾナ州の図書館では、市場や炊き出し場、
女性用シェルターへも巡回しています。

　またブラジルやオレゴン州での自転車による移動図書
館は、路上生活者にとっても良いサービスとなっていま
す。それは、身分証明ができない路上生活者が本を借り
られるということです。[16]

　自転車では、冊数は多くは積載できません。しかし、
自動車では入っていけない場所や、通常の巡回では出会
えない人々へ本や情報を届けることができます。まさに
ペダルを漕いで出会うサービスが展開されているので
す。

（ウ）　船による移動図書館：図書館船が本を届ける

　日本ではあまりなじみがないサービスが、船による移

動図書館です。国内でも以前には図書館船が存在していました。『みんなの図書館』2015年10月号[17]では、広島県立図書館が瀬戸内海の島々の人々に、本と文化を届けたという文化船「ひまわり」を紹介しています。

海外に目を向けてみますと、『世界の不思議な図書館』において、ノルウェーの水上図書館や、バングラデシュのライブラリー・ボート、フィンランドにおいては海難救助船が、移動図書館の役目を果たしている例を紹介しています。[18]

いずれも海に生きる島々の生活や水上と関わる生活がある国に多く、ノルウェーの図書館船エポス号に至っては、50年以上も活躍しています。[19]

以上、海外の移動図書館を紹介してきました。

最後の事例は、歩いて本を届けることです。前述の本では、ネパールの移動図書館を紹介、「藤製のかごに本を入れ、車などでは行けない山間部の村に徒歩で運ぶ」[20]とあります。これこそ移動図書館です。世界中に、本を待っている人がいるところに、届けたいと思う図書館員がいるということは、同じ図書館員としてとても誇りに思えます。

国内も海外も、住む環境や財政面の状況は違いますが、その中で、できる限りのサービスが行われています。私たちも自転車による移動図書館やボートによる図書館等、これまでと違ったサービス方法を実施できないものでしょう

か。

　図書館を身近に感じてもらうイベントをし、また自動車
では入れない道路に出向くことは、きっと新たな利用者と
の出会いにつながるでしょう。

第3章　民間の力「とくし丸」の例をもとに考える

　少子高齢化や過疎化の中でのこれからの移動図書館サービ
スを考えた時、業態の違いはあれ、四国徳島県の株式会社と
くし丸の取組みは、とても示唆に富むものに思われました。

　この会社が一躍有名になったのは、平成28年日本サービ
ス大賞農林水産大臣賞＊21 を受賞したことによります。

　その内容は、社会貢献型移動スーパーと呼ばれる「とくし
丸」で、買物弱者と呼ばれる高齢者や独居者などに、採算を
度外視して必要とされる商品を届けるというサービスを徹底
したことです。

　そして、このサービススタイルこそ、まさに一人でも待っ
ている人の所へ出向いていく移動図書館と重なる部分が多い
と考えられます。

　第3章では、移動スーパー「とくし丸」を検証し、新た
な移動図書館サービスの可能性の指針を探りたいと思いま
す。

1 「とくし丸」とは

平成 28 年日本サービス大賞農林水産大臣賞の選考理由は次の通りです。

（1）買い物弱者に商品・サービスを届けるため、販売パートナー、地元商店、本部（とくし丸）の三者で展開する、日本初モデルの移動スーパーである
（2）契約者への週 2 回の巡回訪問は高齢者の「コンシェルジュ」や「見守り」として機能し、社会貢献性が高い
（3）周囲の小規模商店との競合を避ける 300 ｍルールを設け、地域との共存を実現。徳島県の人口比で約 80％のエリアをカバーし、本サービスモデルの全国展開開始[*22]

上記のことからわかるように、とくし丸のサービスとは、単に移動スーパー販売だけにとどまらず、地元商店を優先し、利用する高齢者を単なる契約者とみなさず、「コンシェルジュ」「見守り」等としての姿勢を堅持していることから、高く評価されていると考えます。
村上稔氏の『買い物難民を救え！ 移動スーパーとくし丸の挑戦』[*23] によると、三つの基本理念を次のようにあげています。

とくし丸の三つの基本理念

第一「命を守る」：生きていくこと

　食は生きる上で一番の基本である。安心を届けることが「見守り」「コミュニティの復活」へ派生する

第二「食を守る」：食環境を守ること

　地域資本のスーパーの応援をする

第三「職をつくる」：販売パートナーとしての「仕事づくり」サポート

　以上の基本理念を具体化するために、「販売パートナー」といわれる独立事業者、「地域スーパー」「とくし丸本部」の三本の柱で取り組んでいます。[24]

　そして全ての活動の根源には、[25]「自分たちの仕事が、確実に人や社会の役に立っていると実感でき、毎日たくさんの人たちと〈ありがとう〉と言い合えるのは、とてもハッピーなこと」という、仕事に臨む誰もが「ハッピーになってやろう」という挑戦としての姿勢を、一番大事に考えているのです。

　この言葉こそ、図書館に携わる全ての職員にも同じことが言えるのではないでしょうか。誰もが「ハッピーになろう」という思いを大切にしている「とくし丸」は、私たちに図書館サービスの原点を示唆しているように感じます。

2 「とくし丸」に学び、これからの移動図書館に活かすためには

　では、ここから「とくし丸」を例として、新たな移動図書館サービスの可能性の指針を探ります。

　今、各自治体では、歩いていける場所に、普段の買い物をする商店やスーパーが減少しているケースが多いと思います。バスや電車の交通機関も、業績不振で時間帯によっては運行していない場合もあります。

　そこで、自宅や近所に移動スーパーが来てくれ、何を必要としているのか聞いてくれて、さらに元気なのかの安否確認までしてくれるとしたら、こんな安心感をもたらすものはないでしょう。こうしたサービスを、移動図書館に活かすことができたらサービスの飛躍的向上が図れるはずです。

　「とくし丸」のホームページによりますと、巡回方法[26]は次の通りです。

（1）どこで買える？
　　自宅の前で買い物が可能
　　お客さん1軒1軒を回って販売
（2）いつ買える？
　　基本的には、毎週2回、決まったコースを巡回。月木、火金、水土のいずれかの曜日に訪問。3日に一度の訪問のため

買いだめの必要なし

（3）値段について

　スーパーの店頭価格と同じ値段もあるが、基本的には商品1点に付き「プラス10円ルール」を採用

（4）食品以外でも困っていることがある場合は？

　「とくし丸」は、お客さんの「良き相談相手」でありたいという姿勢。例えば、水道の水が漏れる、クーラーの効きが良くない、ドアの建て付けが悪い等の相談をされたら「とくし丸」の担当者は可能な限りのお手伝いをします。

　上記のように、「とくし丸」は一人一人の利用者に対して、御用聞きのように巡回を重ねています。この自宅での販売ということが、移動図書館との決定的な違いとなるかと思います。

　伊万里市民図書館の移動図書館の場合でも、これまでに公民館等の巡回で常連だった利用者が、高齢となられ、借りにくることが困難となったケースがありました。

　この場合、巡回コースや停車場所等に支障が出ない時は、自宅訪問をしています。

　残念ながら時間の都合で、移動図書館の書架扉を開け利用者が本を選ぶことは出来ず、司書が選んで用意した本の入替となっております。それでも利用者の求められる本を選んで持っていくということに、司書としての力が発揮され、そこにまたやりがいを感じているところです。

では、実際に「とくし丸」との連携を考えて試案します。

（1）とくし丸配達までの流れ

    ①利用者が図書館へ電話やメール等で借りたい本を依頼する

    ②図書館担当は、利用者の希望を受け、資料を準備する

    ③とくし丸へ配達依頼する

（2）利点

    自宅へ配達できる。とくし丸側も図書館という異種団体との連携により新たなサービス拡大へつながるのでは？

    図書館・とくし丸のお互いの場で、ＰＲ活動ができ、新たな利用者に出会える。３日の一度の訪問なので、貸出頻度も増加を望める。

（3）大切なこと・注意すること

    電話等での申込みで、利用者が何を求めているのか、丁寧に聞き取る必要がある。

    ①本の題名が決まっている場合⇒その本を準備する

    ②「何々についての資料」等の場合は、文献調査等、調べてからの対応。時間がかかる場合は、レファレンス担当に依頼して、回答・配達準備へ

    ※とくし丸の担当と図書館担当とのスムーズな連携が取れるように、定期的に連絡会議を開くことが望ましい。お互い良かったこと、できていないことを見直し、

次へつなげることができる。図書館・とくし丸どちらにとってもお客様であるという意識を持つことが大切。

　以上のように、「とくし丸」との連携試案は、図書館の規模によりさまざまな方法が考えられます。移動図書館での巡回とは形態が違っていますが、大切なことは、単に配達だけで終わらせないことです。

　立場は違っていても、「利用者のために」という意識は同じですので、担当同士がしっかりコミュニケーションをとり、より良いサービスを目指していくことが、利用者にも必ず伝わるはずです。

　「とくし丸」のまとめとして、別の例ですが伊万里市の取り組みを紹介します。

　伊万里市では、特定信書便の文書逓送業務を、障害のある方々が働く作業所であるＮＰＯ法人「小麦の家」に委託しています。これは障害のある方々の自立支援と就労の場の確保として、伊万里市が委託したものです。

　双方のメリットとしては、伊万里市は郵送料の節減等を望めること、「小麦の家」は障害のある方々の雇用拡大や収入増が見込めることがあげられます。

　もちろん、図書館への文書も「小麦の家」の方々が逓送されています。こうしたことから言えるのは、たとえ「とくし丸」が近くで運行されていなくても、地元業者等で検討でき

る団体があるのではないでしょうか。

この場合、注意すべきことは、単に配送委託することによる経費節減を目的とするのではなく、あくまでもより良い利用サービスを目指すことが大切だということです。

そして、こうしたきめ細やかなサービスを可能とするには、やはり人材の確保が決め手となります。

前記のように、サービスをつなぐ担当同士の連携や協力によって新たなサービスの形態が見えてくるはずですし、その結果として、「本を借りてうれしい」利用者が増えてくることにつながると思います。

第4章　伊万里市での高齢者サービスの動きと関わり方の可能性

全国の自治体と同様に、伊万里市でも地域包括支援センターが動きだし、各団体との連携を含めて、高齢者向けのサービスを進めています。また、地区によっては独自の動きも活発化しています。

そこで第4章では、自治体としての伊万里市の取り組みや、地区の動きの例をあげ、図書館サービスがどう関わっていけるのかを探ってみます。

1　伊万里市地域包括ケアシステムについて

厚生労働省[27] によると、「地域包括支援センターは、市町村が設置主体になり、専門員等を配置して、住民の健康や生活の安定のための必要な援助を行うことにより、その保健医療の向上及び福祉の増進を包括的に支援することを目的とする施設」（介護保険法第115条の46第1項）とあります。また「2025年を目途に、可能な限り住み慣れた地域で、自分らしい暮らしを続けることができるよう、地域の包括的な支援・サービス提供体制（地域包括ケアシステム）の構築を推進している」となっています。

伊万里市においても、伊万里市役所長寿社会課内に、「地域包括支援センター」[28] が設置され、介護や福祉に関する地域の総合窓口として、地域の高齢者（世帯）の生活を支えるさまざまなサービスを提供する一方、地域の人たちが高齢者（世帯）を支える、人にやさしい地域づくりに取り組んでいます。

また、こうした人にやさしい町づくりは、つとに高齢者に特化したものではなく、幼児から高齢者まで切れ目のない支援・サービスの提供があって初めて実現されるものと考えます。

このように、地域包括ケアシステムは、単に介護保険サービスに留まらず、医療や住まい、生活の支援、介護予防等、日常生活においてつながりのあるサービスを目指しています。

では、図書館は上記のような地域包括ケアシステムの中で、

第5章　きらめく認定司書の論文集　　185

どう関わっていくことができるのでしょうか。

　以下、図書館ができることを、事項ごとに考えてみます。

（1）病気に関すること

　①自治体・地区：日常生活における健康指導の徹底

　　（ア）　病気になる⇒医療情報の提供・連携の病院へ⇒通

　　　　院・入院⇒リハビリ等へ

　　（イ）　病気に関する予防⇒健康診断への誘導・予防接

　　　　種等の通知

　②図書館：健康増進に関する資料、病気・医療情報に関

　　する資料提供

　　（ア）　闘病記コーナーの設置

　　（イ）　連携部署との共催による健康増進に関する講演

　　　　会等の開催

　③移動図書館

　　　病院やリハビリ施設等への巡回や団体貸出やおはなし

　　会（対面朗読）

　④各病室等を回り、患者・入所者の希望の資料を聞き、

　　次回貸出する

（2）住まいに関すること〜住み慣れた地域で安心して暮ら

　　すために

　①自立して住む：自宅・借家・公営住宅・高齢者賃貸マ

　　ンション等

②支援を必要として住む：支援サービス付き住宅・有料老人ホーム

③自治体・民間：個人の状態に合わせた住宅情報の提供や相談受付

④図書館：老人ホーム・高齢者向け住宅情報誌の提供、住宅リフォーム方法の資料提供

⑤移動図書館：公民館や老健施設・高齢者施設等への巡回や団体貸出

（3）生活に関すること

①元気に暮らすために：毎日の暮らしに張り合いを持ちたい

②民間：趣味や交流の場　絵手紙教室やカラオケ　囲碁将棋等

③自治体：公民館や老人憩いの家による交流や趣味の会の提供

地区でのグラウンドゴルフやゲートボールの会等

④図書館：パッチワークや絵手紙、短歌俳句の会を行うための場の提供

趣味の会の情報提供や、個人で行うための資料貸出等

趣味の会での作品展示の場の提供、ボランティア団体の紹介や活動の場

⑤移動図書館：公民館や老人憩いの場等への巡回や団体貸出

（4）介護に関すること～いつまでも元気に暮らすために

　①民間：体力づくり　ウォーキングや体操等、体力に合わせたトレーニング

　②自治体：介護予防事業　体操教室、リズム運動、トリム体操、健康教室等

　③図書館：体力づくり・健康のための資料提供、各事業の情報提供

　④移動図書館：公民館や老健施設・病院等への巡回や団体貸出

　　老健施設での高齢者向けおはなし会や対面朗読の実施
健康づくり、病気予防のための資料を提供・趣味づくりのための資料提供

　以上のように、自治体や地区は、第一に相談窓口として高齢者に向けて情報提供をしています。このため、図書館はあらゆる資料の提供や、レファレンスによる関連機関への橋渡し等で関わることが可能です。

　そして、こうしたサービス内容の充実や拡充を期すため、図書館は自治体や地区での高齢者向けサービスの動きを把握し、より新しい資料や情報を揃えておく必要があるでしょう。

　そこで強みとなるのが移動図書館です。移動図書館は、その場所へ出向き、実際に図書館へ来ることができない利用者と向き合うことができます。各施設、病気等の状態により、対応することはさまざまです。一人一人の利用者と向き合い、

必要とされる資料を提供することができます。加えて、利用者が今何を必要とするのか、移動図書館での巡回で得た情報をもとに、図書館全体として資料の構築を考えていくことも必要です。

　また、これからの地域包括ケアシステムは、全国の各自治体の取り組む姿勢によって、そのサービス内容に格差が生じるかと思います。

　伊万里市においても、地域包括ケアシステムの関係団体が集まる研修会が、図書館を会場として開催されていますが、まだ図書館は関わることができていません。

　確かに移動図書館で病院や高齢者向け施設への巡回は行っていますが、地区・自治体全体との関わりができていないため、今後は地域包括の一つの団体として、図書館が位置づけられることが必要と考えられます。

　これからの図書館サービスを考えた場合、単に図書館だけで高齢者向けのサービスを考えるのではなく、図書館の担う役割と位置づけが明確化された自治体の地域包括ケアシステムが構築されることが、重要になってくるのではないかと考えます。

　何もこれは伊万里市だけの例ではなく、全国のどの自治体、図書館においても言えることではないでしょうか。これからの高齢化社会を乗り切るためには、図書館だけの枠にとらわれず、自治体単位でサービスを進めていくことが重要だと考えます。

2　特定非営利活動法人　ＮＰＯ栄町地域づくり会の活動について

　伊万里市において、独自の取り組みでがんばっている栄町区という地区があります。1970年代、団地として賑わった栄町区は、現在、高齢化率が全国や伊万里市平均よりも速く進んできました。

　そこで、高齢者が高齢者を見守るという意識が次第に芽生え、お互いを支え合う活動を行ってきました。平成24年にはNPO法人の認定を受け、活発なまちづくりを進め、現在に至っています。次に、その活動を紹介してみたいと思います。[29]

（1）活動のきっかけ[30]
　①高齢社会を踏まえた地域対策：「栄町地域づくり会」設立
　②最初の活動：独居高齢者世帯への住宅用火災警報器の共同購入斡旋とボランティアによる取り付けの支援活動
　③平成24年ＮＰＯ法人の認証「ＮＰＯ栄町地域づくりの会」設立・住み慣れた地域で安心して住めるまちづくりのための支え合いによる支援活動

（2）活動方法

①空き店舗を活用し、活動拠点「栄町ふれあい館」の開設：
　カラオケや麻雀、健康講座等の社会参加活動への支援
②一人暮らし高齢者対象：見守り（安否確認）弁当配食
　支援、買物支援、緊急医療情報キット設置、見守り支援
　システム開発等

　これはひとつの事例ではありますが、これからを生きる
ヒントが多く詰まっています。
　ここでも重要なことは、図書館がどう関わっていくのか
ということです。栄町区を一つの例とし、自治体の一つの
単位である地区への参入方法を試案します。

（3）本のある場の提供を日常化する
　　～毎日の生活の中に当たり前のように本があるため
　　に～
①資料を団体貸出する：移動図書館による巡回や配本車
　での貸出
②巡回や配本ができない場合：図書館が準備する資料を
　支援ボランティア等により配送
　　活動拠点「栄町ふれあい館」において、借りる本を置
くコーナーを設けます。
　　資料の内訳については、最初は図書館司書が選書し
ていきますが、利用される方の意見や希望を取り入れて
いく予定です。

今まで図書館や本に興味が無かった方であっても、楽しみに集まる集会所に本があるとしたら、次第に興味を持ち、新たな趣味につながる可能性があるでしょう。趣味のカラオケや絵手紙、麻雀等の本から、時代小説まで、幅広い選書が大切です。

（４）本のある場をイベントに特化する

　　〜特別な日を"本のある場"で演出してみよう！〜

　①ふれあい館を利用される高齢者対象、区民全体へ呼びかけをし、全世代に広げる：移動図書館を長時間巡回し、そこでのサロンを開催。貸出のみではなく、特別おはなし会の開催、会と共催でお茶のみ会、音楽会等

　②図書館職員が行き、おはなし会（高齢者向け）、ブックトーク、図書館の紹介等図書館で活動するボランティア団体へ依頼し昔話を聞く会や合唱団の発表会等を開催

　③自転車図書館巡回：コンテナに選りすぐりの50冊を配達、自転車紙芝居も開催。移動図書館が自転車で登場することで、サプライズを演出。

　本のある場をイベントとした場合、そこには世代を超えた人々が集います。世代間交流も含めてのイベントが企画できたら楽しいことこの上ないでしょう。

　本を貸出するだけではなく、本と人につながるためのしかけを作り、司書やボランティアも様々な立場で参加しま

す。次の段階には、ふれあい館を利用する方から、活動（おはなし会等）をする側への参加につながると、また新たな活力につながるのではないでしょうか。

（5）本からつながる
　〜図書館へ行ってみよう！　移動図書館を利用してみよう！　図書館の司書に話を聞いてみよう！〜
　NPO 栄町地域づくり会の活動拠点に来てくれたら図書館ツアー、移動図書館案内をします。本や図書館に興味を持ってもらえたら、次は実際に図書館を訪ねてみることを勧めます。
　図書館の近くに住んでいても、興味を持たないと行くことはありません。そこで、イベントや本の貸出をすることで、「図書館ってどんなところ？」と少しでも思ってもらえたらラッキーです。
　また、支援ボランティアと連携し、図書館へあそびにいく会を企画します。
　図書館に来て、聞いて、「初めて知ることばかり！」から始めましょう。

　以上のように、栄町区を例にして企画をしてみました。共通して言える目的は、図書館を身近に感じてもらい、本は楽しいものですよと伝えることです。もちろん図書館は、本だけではありません。場づくり、居場所にもなり得ます。だか

らこそ、人とのつながり、そしてまちづくりへつながる第一歩として、きっかけになるヒントが、図書館には詰まっているのです。

　世代を超えたつながり、利用者を選ばない、誰にでも平等のサービスができるのは図書館だけだと思います。図書館を使わないのは、とてももったいないことなのです。

第5章　まとめ

　1980年代以降、生涯学習、リカレント教育が広がる中で、自分の町にも図書館が欲しいと、全国各地で図書館づくりが進められてきました。立派な図書館を持ちたい一心から、さまざまな規模の図書館ができ、時代の要請に応えるサービスの拡大とともに、職員はその業務に奔走しているのが現状です。

　それから約30年、情報化社会や少子高齢化が進行する中で、図書館の役割も大きく変化してきているのではないでしょうか。また、図書館が建ち数十年経った自治体では、図書館の維持費や人件費の確保等、表には見えない闘いが繰りひろげられているでしょう。

　これまで各章でさまざまな事例とともに、移動図書館の今後の方向性を探ってきましたが、最後に3つのキーワードを柱に、まとめてみたいと考えます。

1 これからの移動図書館の可能性

(1) さまざまな団体・組織との連携によって移動図書館を レベルアップしましょう！

　全ての図書館・移動図書館は、現在行っているサービスを、利用者のためにより良くしようと日々がんばっています。そのサービスをレベルアップするためにも、今後は新しい団体との連携が必要なのではないでしょうか。

　第2章での企業プロジェクトへの参加や、第3章での「とくし丸」のように、場合によっては、民間の力を取り入れる場合もあるかもしれません。また、社会福祉協議会のような身近に感じる組織であっても、実際にはお互いの業務をあまり知らない場合もあるでしょう。

　そこで言えることは、自分たちの図書館に何が欠けているか、何を加えるべきなのかを常に考えることです。現行のサービスを大切に遂行し、そして新しい分野、新しく出会う人とのつながりによって、次のサービス展開が始まると考えます。図書館をもっとよく知ってもらい、図書館の利用価値を理解していただき、図書館の応援団を増やしていく努力が必要でしょう。

(2) 国内や海外のさまざまな移動図書館の例を参考に、今 できることから始めましょう！

各自治体の財政状況に囚われず、図書館政策をもう一度新たな発想で見直すことによって、図書館サービスのあり方は実に多様だと思い知らされました。

　どの分野の業務であっても、何か新しいサービスを開始しようとする時、しかも相当の予算措置が必要な場合、生みの苦しみを伴うものです。図書館も同じです。しかしながら、これまで見たように、参考となる沢山のヒントが全国・海外の例にあったはずです。

　第2章では、国内・海外のさまざまな図書館の例を紹介してきました。

　例えば、定期的に移動図書館の巡回を行っていない図書館であっても、イベントや人が集まる会場に、本を積んで出向いてみませんか。その時、もし自動車図書館が用意できないというのなら、軽トラックや自転車、またはコンテナに50冊入れて、置いてみたらどうでしょう。そこに司書がいたら、建物は無くても、そこはもう本のある場所に変わるのです。必ず興味を示してくれる方がいて、図書館の新しい利用者へとつながっていくことでしょう。

　決して大げさな取り組みではなく、まず今できることから始めようとする第一歩の勇気が必要だと考えます。そして、何よりも大切なことは、利用者のサービス向上に寄与する方法が、自分たちの図書館の中だけでなく、図書館の外（市民生活の場）に無限に広がっていることに気づくことなのです。

（3）自治体の中の図書館、移動図書館として意識を持ち、
　何でも挑戦していきましょう！

　図書館経営がどのような形態であれ、自治体の中での運営
である以上、利用される地域の方のために、いかにサービス
を考えていくかという目的は同じです。

　しかし、日常業務では自分たちの図書館運営に追われ、市
役所の他部署との連携や、誰が担当者であるかを知らないこ
とも多々あることではないでしょうか。また、市役所職員の
図書館利用が少ないこともあるのではないでしょうか。

　図書館に司書として勤務した場合、図書館外の他の部署へ
の異動がほとんどなく、館内での担当替えで業務を重ねてい
くことになります。

　もちろん司書として、自分たちの図書館、移動図書館とし
て誇りを持ち、スキルアップを目指し、日々努力を重ねるこ
とは当然ですが、これから司書に要求されることは、常に自
治体や全国の動きを意識し、広い視野を養うことが何より大
切なことではないでしょうか。

　『日本の図書館 2015』（日本図書館協会）[31] によりますと、
全国の自動車図書館台数は 2014 年で 545 台となっており、
2005 年の 586 台から 41 台の減少がみられます。こうした
中で利用者数の大幅増を成し遂げた自治体があります。

　現実を見直す柔軟な心と対応力の成果と思いますので、最
後にこの例を紹介し、これまでのまとめとしたいと思います。
その自治体は大阪市で、自動車文庫で大幅な利用者数の増加

を実現しています。

全国では減少傾向にある移動図書館ですが、大阪市は5カ年計画でステーションを拡大したことにより、利用者数が大幅に増加したとのことです。[*32]

確かに利用の増加は大切なことですが、それはあくまで結果であって、ここで注目したいことは、そこに至ったプロセスの大切さです。

それは、私たちの置かれている時代や社会状況の中で、移動図書館で本当に何ができるのか、そして住民の方々に喜ばれ、役に立つサービスはどんなものなのかという問いかけがあり、実践して結果を残しているところです。

移動図書館の日常は、天候に左右される、時には過酷な業務です。巡回当日の片付けや、次の準備で手一杯ということも多く、なかなか先を考えることもできない毎日ですが、自分たちの移動図書館を待っていてくれる人がいるという、矜持と強い使命感が心の支えとなっています。

図書館、司書の役割は、本と人、そして人と人を結ぶことです。

歩いていける場所に図書館があることは絶対的な理想です。近年地方では本屋が減少し、本に出会う機会も減少しています。だからこそ司書の使命は、大きく変化していると思います。

急激な情報化が進む中で、現在の図書館界を考えた時、移

動図書館はアナログの世界を走っているのかもしれません。とはいえ、一冊の本を手渡しする温かみは、移動図書館の得難い特権といえましょう。

　歩いて行ける距離に存在するコンビニエンスストアの役割とは違うかもしれませんが、必要なものだけを必要とする方に提供することができる態勢を常に心がけるという点では、図書館も同じだと言えるはずです。そして、その役目を可能にできる術が、移動図書館には詰まっているのです。

　本を積んで出かけよう！　今の時代だからこそ、移動図書館です。扉を開くとそこに本のある場ができあがるのですから、こんな素晴らしい出会いはありません。

【参考文献】

＊1　日本図書館協会図書館調査事業委員会編『日本の図書館　統計と名簿2015』、日本図書館協会、2016年

＊2　国土交通省国土地理院「平成27年全国都道府県市区町村別面積調」

http://www.gsi.go.jp/KOKUJYOHO/MENCHO/201510/opening.htm

（最終閲覧日：2016年8月23日）

国土交通省国土地理院「面積の大きい市区町村(20位)」

http://www.gsi.go.jp/KOKUJYOHO/MENCHO/201510/sanko/large_city.pdf

（最終閲覧日：2016年8月23日）

＊3　新庄市「kitokitoMARCHE（キトキトマルシェ）」

http://www.city.shinjo.yamagata.jp/k001/020/010/030/050/201

50511140104.html

（最終閲覧日：2016 年 9 月 28 日）

＊4　水俣市立図書館「動くえほん館‘みなよむ号’」

http://www.minalib.jp/minayomu/

（最終閲覧日：2016 年 9 月 28 日）

＊5　鹿角市立図書館「十和田図書館だより 2016 年 4 月号」

http://www.kazuno-library.jp/wp-content/uploads/2016/04/

towada201604.pdf

（最終閲覧日：2016 年 9 月 28 日）

＊6　江津市「おでかけ図書館〜移動図書館〜」

http://www.city.gotsu.lg.jp/cgi-bin/calendar/gotsucity_cal.cgi?m

ode=syousai&cdat1=TJrqYF14858

（最終閲覧日：2016 年 9 月 28 日）

＊7　真庭市立図書館「真庭市立図書館ぐるっと 1 周スタンプラリー」

https://lib.city.maniwa.lg.jp/

（最終閲覧日：2016 年 9 月 28 日）

＊8　楽天「楽天いどうとしょかん」

https://corp.rakuten.co.jp/csr/mobile-library/

（最終閲覧日：2016 年 9 月 28 日）

＊9　伊藤忠商事株式会社「インド移動図書館プロジェクト」

http://www.itochu.co.jp/ja/csr/social/mlc/

（最終閲覧日：2016 年 9 月 28 日）

＊10　モニカ・ブラウン文、ジョン・パッラ絵 『こないかな、ロバのとしょかん』斉藤規訳、新日本出版社、2012 年

＊11　マーグリート・ルアーズ著『図書館ラクダがやってくる　子どもたちに本をとどける世界の活動』斉藤規訳　さ・え・ら書房、2010 年

＊12　＊11　p.18-21　ケニア・モンゴル　ラクダで本を届ける図書館員たち

＊13　＊11　p.28-29　タイ　ゾウで届ける図書館

＊14　＊11　p.6-7　　オーストラリア　大型のトラックやトレーラーによる移動図書館

＊15　アレックス・ジョンソン著『世界の不思議な図書館』北川玲訳　創元社、2016年、p.164-165

＊16　＊15、p.188-193

＊17　明石浩『瀬戸内海の島に残る船の移動図書館・文化船「ひまわり」―図書館の意義と歴史を伝える船』
『みんなの図書館』2015年10月号、教育史料出版会、p.45-48

＊18　＊15　p.162-163　図書館船

＊19　＊15　p.172-183　移動する図書館　船やボートによる図書館

＊20　＊15　p.165-166　徒歩で運ぶもの

＊21　公益財団法人日本生産性本部「日本サービス大賞」
「受賞サービス　農林水産大臣賞　サービス名社会貢献型移動スーパー「とくし丸」事業者名　株式会社とくし丸（徳島県）」
　　http://service-award.jp/index.html
　　http://service-award.jp/common/dl/2016_jirei.pdf
　　（最終閲覧日：2016年8月12日）

＊22　＊21

＊23　村上稔著『買い物難民を救え！ 移動スーパーとくし丸の挑戦』
緑風出版、2014年

＊24　＊23　p.45-46　とくし丸の三つの基本理念

＊25　＊23　p.6-7　「ハッピーになってやろう」という挑戦

＊26　株式会社とくし丸「移動スーパーとくし丸　はじめまして！移動スーパーとくし丸です」
http://www.tokushimaru.jp/
　　（最終閲覧日：2016年9月25日）

＊27 厚生労働省「福祉介護　地域包括ケアシステム」

http://www.mhlw.go.jp/stf/seisakunitsuite/bunya/hukushi_kaigo/
kaigo_koureisha/ chiiki-houkatsu/

http://www.mhlw.go.jp/seisakunitsuite/bunya/hukushi_kaigo/
kaigo_koureisha/chiiki-houkatsu/dl/link2.pdf

（最終閲覧日：2016 年 9 月 13 日）

＊28　地域包括支援センター（伊万里市役所長寿社会課内）編　『高
齢者向けサービスの手引き 情報誌』地域包括支援センター　2015
年

＊29　ＮＰＯ栄町地域づくり会

「栄町の地域づくり～支えあいによる心温かなまちづくり～」

http://www.city.imari.saga.jp/secure/12877/sakaemachi.pdf

　（最終閲覧日：2016 年 9 月 17 日）

＊30　ＮＰＯ栄町地域づくり会

「特定非営利活動法人ＮＰＯ栄町地域づくり会 (佐賀県伊万里市) 」

http://www.pref.nagasaki.jp/shared/uploads/.../1464569225.p

　（最終閲覧日：2016 年 9 月 17 日）

＊31　＊1

＊32　大阪日日新聞「移動図書館　逆風知らず　ニーズ発掘で利用者
増」2016 年 6 月 21 日

http://www.nnn.co.jp/dainichi/news/160621/20160621033.html

　（最終閲覧日：2016 年 6 月 23 日）

図書館と貧困
―可能性を支える社会へ―

藤山　由香利

宮崎県 都城市立図書館
（日本図書館協会認定司書 第 1143 号）

はじめに

　「図書館で出会った本が、わたしの人生を変えるきっかけになりました」──児童養護施設で育った元プロボクサー選手の坂本博之や、セーラー服の歌人「鳥居」の記事が胸を打った。

　予算費の削減にあえぐなか、図書館に求められているサービスとは何か。子供の貧困やワーキングプアが叫ばれるなか、公共図書館が取り組むべき課題をあきらかにし、これからの図書館員に必要な視点について考察した。

1 貧困の定義・実態・特徴

(1) 相対的貧困率

　厚生労働省による『国民生活基礎調査』[*1]によると、我が国の貧困率は若干の改善傾向は見られるものの、依然としてOECD加盟国のなかでも相対的貧困率が高い国となっている。

　「相対的貧困」とは、所得の中央値の半分を下回っている人の割合で、所得格差の広がりを示す。特に1人親と子供の世帯の貧困率は、高い数値を示している（図1）。

図1　貧困率の年次推移

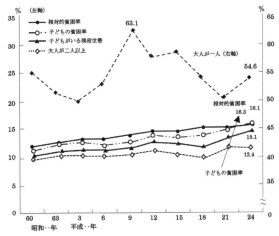

注：1）平成6年の数値は、兵庫県を除いたものである。
　　2）貧困率は、OECDの作成基準に基づいて算出している。
　　3）大人とは18歳以上の者、子どもは17歳以下の者をいい、現役世帯とは世帯主が18歳以上65歳未満の世帯をいう。
　　4）等価可処分所得金額不詳の世帯員は除く。
　　　　　　　（出典）厚生労働省　国民生活基礎調査（2016）

（2）貧困世帯の増加

では実際に、貧困世帯は近年を比較し、どの程度増加しているのか？

『就業構造基本調査』（総務省）と『被保護者調査』（厚生労働省）のデータを分析した山形大学戸室健作准教授の調査によると、貧困世帯は、1992年の385万世帯（9.2%）から2012年に986万世帯へと2.56倍に増加している。（戸室2013）[2]

調査年度から5年経過し、厚生労働省の調査数値には若干の低下はみられるものの、1992年から貧困世帯が2倍強増加している現状に変化はないと予測される。

（3）ワーキングプア(非正規労働)の増加

ワーキングプアとは被雇用者のうち、賃金収入が最低生活費以下の労働者を指し、子どもの貧困率とも関係性が深い。

また、3人に1人が「貧困女子」であるというニュースに代表されるように、独身・若年・学歴に寄らない低所得者層も増加している。連合総合開発研究所の『非正規労働者の働き方・意識に関する実態調査』[3]によると、非正規労働者である男性の58.0%、女性の74.6%が年収200万円未満であり、主稼得者に限ると、男性37.5%、女性48.9%が200万円未満となっている。調査対象のうち、不本意非正規であると答えた人は73.4%と高い数値である。また、未婚者は50.8%であった。

（4）高齢者、障害者の貧困

　年金・恩給受給世帯の貧困率は 1992 年の 23.7％から 2012 年 22.1％と若干の低下傾向はみられた。しかし、これは比較的家計に余裕のある団塊の世代が加齢によって年金・恩給受給層にスライドしたことにより、貧困率を計算する際の分子よりも分母の伸びが著しかったためと考えられ、課題は依然として残っている。（戸室 2016）[4]

（5）障害者の貧困の実態

　きょうされん『障害のある人の地域生活実態調査の結果報告』[5] によれば、2010 年、健常者の可処分所得の中央値が 224 万円とされているのに対し、障害者の所得の中央値は 50 万円〜 100 万円の間に位置している（障害年金を含む）。同年、健常者の貧困率が 16％（『国民生活基礎調査』[6]）であったのに対し、障害者の貧困率は 56％になり、非常に高い水準である。

　また、月額収入から年収を積算した結果、相対的貧困とされる 122 万円の「貧困線」を下回る障害のある人たちが 10,223 人、81.6％にも及ぶ結果も示され、年金や手当、その他の収入などを含めて実収入で、障害のある人のうち 81.6％もの人たちが、相対的貧困の「貧困線」を下回っている。ワーキングプア（年収 200 万円以下で算出）の障害者は 98.1％という結果となり、健常者とは大きな格差が存在している。

2 貧困世帯の増加が社会に与える影響

（1）家計的負担と進路

相対的貧困率の高い1人親と子どもの世帯は、就学援助を必要とし、家計的にも困窮している。また親の収入は、高校卒業後の進路にも影響を与えていることが追跡調査で明らかとなっている（図2）[7]。

図2 高校卒業後の予定進路（両親年収別）

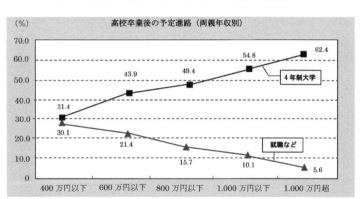

注1）日本全国から無作為に選ばれた高校3年生4,000人とその保護者4,000人が調査対象。
注2）両親年収は，父母それぞれの税込年収に中央値を割り当て（例：「500〜700万円未満」なら600万円），合計したもの。
注3）無回答を除く。「就職など」には就職進学，アルバイト，海外の大学・学校，家業手伝い，家事手伝い・主婦，その他を含む。

（出典）東京大学大学院教育学研究科 大学経営・政策研究センター『高校生の進路追跡調査第1次報告書』(2007)

（2）貧困の連鎖と固定化

　低所得世帯の子供は、進学の機会が限定される結果、非正規雇用や低付加価値産業への従事等、雇用や所得の選択肢も少なく、親世代同様、貧困状態となるおそれがある。

　厚生労働省による『平成26年就業形態の多様化に関する総合調査』[8]では、大学卒では8割が正規雇用であったのに対し、高校卒では5割、中学卒では3割以下と、学歴により就労形態に差異が生じている。

　貧困による就労の差異は、非正規労働から貧困高齢者層に移行し貧困の連鎖・固定化がうまれる素因となり、社会全体の貧困・弱体化へとつながっていく（図3）。

図3　貧困の連鎖・固定化のイメージ

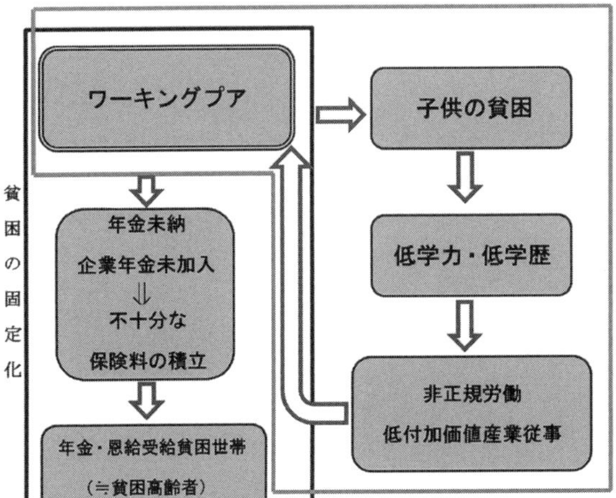

（資料）日本総合研究所

3 貧困に対する課題や特徴

(1) 学力の格差

　学力の高い子供の育った環境における調査では、「本のある環境」「読み聞かせをしてもらった」が目立つ。学力の格差には、家庭環境、特に本のある環境が影響していることがわかる（図4）[*9]。貧困家庭では、本を購入する余裕がないので、「本のある環境」「読み聞かせをする環境」がつくりにくい状況がある。

図4　親の子どもへの接し方と学力の関係

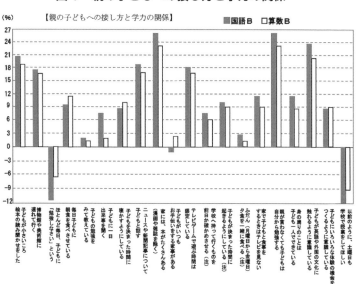

（出典）文部科学省：『お茶の水女子大学委託研究』（2008）

（2）非正規労働の特徴

　日本の非正規労働は、ワーキングプアと直結しているが、そこにはどのような問題点があるか。『国際比較からみる日本の雇用の今後』[10] では５つの問題点をあげている。

　①賃金が上がらない

　②特殊技能が身に付かない

　③解雇されやすく雇用が不安定

　④転職したくても、職業訓練がうまく機能しておらずキャリアアップが困難

　⑤福利厚生、失業保障がしっかりしていない

（3）高齢者・障害者の社会的孤立

　低所得者層の増加はもとより、高齢者・障害者は特に社会から孤立する傾向が強い。

　①高齢者の特徴

　　西垣千春『高齢者の生活困窮の原因分析に基づく予防対策の開発に関する研究』[11] によれば、生活困窮に陥った原因として

　　（ア）認知症に代表されるマネジメント能力の低下

　　（イ）突然の疾病・外傷

　　（ウ）近親者による金銭搾取

　　（エ）子供の疾病による失業からの生活困窮

　　（オ）事故

　　（カ）詐欺被害

の6点をあげている。

②障害者の特徴

『障害のある人の地域生活実態調査の結果報告』[5]によ
ると、親族、とりわけ親との同居生活の割合が54.5％と
半数以上を占めることが特徴としてあげられている。50
代前半でも3人に1人以上が親との同居となっている。依
然として「親依存の生活」の現状にあることが、浮き彫り
にされ、そこには経済的な問題はもとより、社会的自立が
困難な現状が垣間見える。

表1　障害のある人と国民一般の生活保護受給率の比較

	生活保護受給者数	母数	割合
国民一般	216万3394人[1]	1億2692万人[2]	1.7%
障害のある人	1,677人	14,745人	11.4%

＊1厚生労働者・被保護者調査（平成28 1年分概算）＊2総務省統計局人口推計 平成28年3月号

表2　障害のある人年代ごとの生活保護受給率の比較

(有効回答：14,332、単位：人)

20〜24	25〜29	30〜34	35〜39	40〜44	45〜49	50〜54	55〜59	60〜64	65〜
61	83	112	140	237	233	176	165	206	179
(3.9%)	(5.2%)	(7.0%)	(8.3%)	(11.9%)	(14.6%)	(15.4%)	(18.2%)	(24.4%)	(18.7%)

（出典）『障害のある人の地域生活実態調査の結果報告』(2016) きょうされん

以上のことから、対策課題として

（ア）本格的な所得保障制度の確立

（イ）「家族への依存」「家族負担」からの脱却

（ウ）権利条約を関連法制を社会のすみずみに
があげられている。

4　学力の格差を生まない社会―図書館奉仕の充実

　これまでにあげた貧困の現状に共通している課題として、以下３点を捉えた。
　①学力の格差
　②社会的孤立
　③社会的自立が困難
　この３点に対して、図書館は何ができるのか、考えていきたい。

（１）図書館とは何か
　図書館法では、「社会教育法の精神に基き、図書館の設置及び運営に関して必要な事項を定め、その健全な発達を図り、もつて国民の教育と文化の発展に寄与すること」（図書館法第１条）と示されている。教育と文化の発展にたいして国民全般を対象としていることは、何かの足掛かりとなるのではないか。また、第２条では「『図書館』とは、図書、記録その他必要な資料を収集し、整理し、保存して、一般公衆の利用に供し、その教養、調査研究、レクリエーション等に資することを目的とする施設」と定義されている。このことにより、図書館が貧困が抱える学力の格差に対して、アプロー

チできる施設になりえることがわかる。

さらに、調査研究やレクリエーションは学力を培ううえで、最も必要な部分である。

図書館の自由に関する宣言では「図書館は、基本的人権のひとつとして知る自由をもつ国民に、資料と施設を提供することを、もっとも重要な任務とする」と提起されている。

特に低所得者層が、資料の購入や、学力向上のための経費調達が困難なことをとっても、学外で支援できる施設として図書館の担う役割は大きい。

（２）図書館奉仕はすみずみまで行き渡っているのか？

図書館法第３条では、９つの図書館奉仕を定めている。

①郷土資料、地方行政資料、美術品、レコード、フイルムの収集にも十分留意して、図書、記録、視覚聴覚教育の資料その他必要な資料（以下「図書館資料」という。）を収集し、一般公衆の利用に供すること。

②図書館資料の分類排列を適切にし、及びその目録を整備すること。

③図書館の職員が図書館資料について十分な知識を持ち、その利用のための相談に応ずるようにすること。

④他の図書館、国立国会図書館、地方公共団体の議会に附置する図書室及び学校に附属する図書館又は図書室と緊密に連絡し、協力し、図書館資料の相互貸借を行うこと。

⑤分館、閲覧所、配本所等を設置し、及び自動車文庫、貸出文庫の巡回を行うこと。

⑥読書会、研究会、鑑賞会、映写会、資料展示会等を主催し、及びその奨励を行うこと。

⑦時事に関する情報及び参考資料を紹介し、及び提供すること。

⑧社会教育における学習の機会を利用して行つた学習の成果を活用して行う教育活動その他の活動の機会を提供し、及びその提供を奨励すること。

⑨学校、博物館、公民館、研究所等と緊密に連絡し、協力すること。

これまで図書館は、図書館奉仕の精神にのっとり自助努力しながら、日本図書館協会による「中小都市における公共図書館の運営」[*12]の指針にはじまり、「市民の図書館」[*13]を経て「国民の知的自由を支える機関であり、知識と教養を社会的に保障する機関である」ことを目指してきた。また「図書館による町村ルネサンス　Ｌプラン21」[*14]では明確な数値基準が提案され、各自治体による不均衡の是正が叫ばれている。既に10％の自治体で達成されているものの、住民にとっては公立図書館サービスが選択不可能であるため、早急に達成されるべきだと示されている。

しかし、予算削減が叫ばれるなか、運営形態が多様化した結果、各自治体の格差は広まりつつある。図書館法の定める9つの図書館奉仕は、すみずみまで行き渡っているのだろう

か？

日本図書館協会『公共図書館経年変化』[*15]では、資料費は減少傾向、また専任職員数の減少も目立ち、図書館、自動車図書館数共に横ばい状況である。

平成24年告示の「図書館の設置及び運営上の望ましい基準」では、インターネット等へのアクセス環境やレフェラルサービスにも言及され、ハイブリッド型図書館への転換が示されているが、5年経過した今、すみずみまで行き届いた結果を残しているのか？

やはりここにも、各自治体の図書館で格差が生まれている現況があり、是正していく必要が重要である。格差が是正されることにより、図書館奉仕（図書館サービス）が充実し、地域住民への支援につながる。

5　孤立しない社会―コミュニティを育む図書館

（1）社会的排除と図書館

厚生労働省、社会的排除リスク調査チームによる『社会的排除にいたるプロセス』[*16]で湯浅誠氏は、社会的排除について「排除には、排除する側と排除される側がいる。多くの場合、排除する側に悪意はない。（中略）だから問いは、すべての結果を自分で引き受けられる強い個人を、社会はどうやったら育てることができるのか、と立てる必要がある。そのとき、私たちの答えは逆説的な色彩を帯びる。『弱い個人

を包み込めるような社会でこそ、実は強い個人が育つのだ』というものだからだ。この理念を『社会的包摂』と言う」と述べ、自立した個人を育むために、社会的包摂が必要だとあげた。

　また、社会的排除について、「社会的排除とは、物質的・金銭的欠如のみならず、居住、教育、保健、社会サービス、就労などの多次元の領域において個人が排除され、社会的交流や社会参加さえも阻まれ、徐々に社会の周縁に追いやられていくことを指す。」と説き、包摂支援の方法として３点をあげている。

　① 生まれつきの本人の持つ「生きづらさ」から排除へとつながるケース：早期発見、親への働きかけ、適切なプログラムと実施機関の普及、成人期の支援

　② 家庭環境の様々な問題から排除へとつながるケース：子どもへの直接支援、子どもが相談しやすい環境の整備、子どもと接する大人（援助者）への教育・支援、保護者への支援、成人してからの「帰る場所」の提供

　③ 学校や職場などの劣悪な環境が排除へと促すケース：スタートラインとしての教育現場、地域の企業・自治体との連携（人・ネットワーク）、雇用の改善、職の保障（創出）、フォローアップ・サポート

（２）図書館とコミュニティ

　図書館は相談しやすい環境や、教育の支援、帰る場所の提

供、課題解決、就業支援、ビジネス支援などの場になりえる
はずだが、そのサービスの達成には至っていないと言わざる
を得ない。

社会は地域コミュニティから始まる。図書館とコミュニ
ティは昨今の図書館づくりにおいて、多く取り組まれるよう
になってきたが、そこに社会的包摂はいかに関わってくるだ
ろうか。

図書館サービスの対象としてコミュニティを知ることは不
可欠の事であるが、寄藤昴（1986）はコミュニティ分析の
意義として次の3項目をあげている[17]。

①最適の図書館活動を展開するために、コミュニティの
　「特性」をとらえること。

②コミュニティ内部における図書館の位置づけをとらえ
　ること。

③コミュニティを構成する各小集団の図書館へのニーズ・
　期待をとらえること。

竹内悊（1995）は、図書館を形作るものとして「資料」「人
的組織」「公共図書館の行財政」をあげている[18]。社会的排
除の状況にある人が、地域にどのくらいいて、どのような状
況にあり、どこで図書館に接する機会があるかのニーズの把
握を、丁寧に行うことが必要である。また、そのニーズに合
わせた専門的職員の配置、行財政や各機関との柔軟かつ緊密
な広い連携が求められている。しかしながら、図書館という
ハード、また図書館員（人的資材）へのイメージは旧来から

変わらず、イメージの刷新は急務である。

　山口真也（2002）は漫画作品における図書館員のイメージ調査を行っているが[*19]、公共図書館員のサービス・行動として　①貸出　②利用者を注意　③カウンターの番（居眠り）が上位を示す結果となっており、そのなかにアウトリーチサービスは存在しない。あくまで漫画作品における調査ではあるが、新しい図書館員のイメージを作る活動や実績が、社会に浸透していないことを示しているのではないだろうか。

表３　図書館員のサービス・行動（館種別／合計順）

サービス・行動 ＼ 館種	公共	学校					大学	国立	専門	不明	合計
		高校	中学	小学	不明	合計					
利用者を注意	46	51	7	0	1	59	9	1	1	1	117
貸出	54	20	4	1	1	26	11	0	2	1	94
カウンターの番（居眠りを含む）	35	14	3	0	0	17	11	2	1	1	67
排架・書架整理	31	13	1	0	0	14	3	0	1	0	49
利用記録の調査（返済・個人的利用を含む）	14	14	1	1	0	16	9	1	0	0	40
蔵書検索・所蔵調査・排架場所の案内	21	6	0	0	0	6	5	3	1	2	38
情報サービス	8	0	0	0	0	0	9	5	9	0	31
閉館準備	16	7	4	0	0	11	3	0	0	0	30
図書委員の指導	0	19	4	0	0	23	0	0	0	0	23
資料の受け渡し	5	2	0	0	0	2	2	4	3	0	16
資料収集・除籍	6	4	2	0	0	6	2	0	1	0	15
合計10以下の項目は省略（予約・リクエスト、資料整理、同僚を注意、図書委員を注意、相互貸借、複写など）											
合計	268	169	30	2	2	203	67	20	19	6	583

（出典）『漫画作品における大学図書館員のイメージ』(2002) 山口真也

（３）図書館員（司書）はなぜ変わらないのか？

　図書館員の能力向上のための研修機会の充実は、図書館運営が多様化する中、常に求められていることではあるが、職

員の非正規雇用が増え続けるなか、図書館員自身が低所得であり、なかなかキャリアアップできない現状がある。

　これは図書館に限定された問題なのか。前に述べたように、日本における非正規雇用問題と根幹は同じなのではないか。低所得化が解消されない限り、非正規雇用はいつまでも生活困難で未来への展望は描けないのである。未来像を描けないなかでキャリアアップを求められていることが既に破綻を示している。

　2013 年東京新聞で連載された「変わる知の拠点」[20] は示唆に富んだ記事であった。非正規職員が苦しい生活の中でも、自費を投じ研鑽している例があげられていた。地域住民のために奉仕精神を失わず、汗を流している。

　労働組合を結成し労使交渉を重ね、立ち上がる司書達もいる。長い拘束化のもと裁判により退職金を勝ち取った司書の姿は頼もしく勇敢である。しかし、分母の少なさ、分散化は否めない。専門性を有した司書の地位向上の課題は、今後も残る。

　正規雇用者が 9 割を超えるフランスでは、無期限雇用契約と有期限雇用契約に関する権利が法的に整備され保障されている[21]。これは長い歴史の中で、労働者側が主張し勝ち取ってきた権利であり、彼らは「同一労働・格差待遇」の状況では働かない。日本では個人の権利を主張しづらい風土があり、非正規雇用待遇の司書が大半の状況は、まさにこの「同一労働・格差待遇」である。法的に保障されない悪循環が続

いている。

　また、正規職員の問題も忘れてはならない。専任職員採用の減少や配置転換が増加している現状では、既存の体制を維持することも困難である。課題解決型図書館を越え、ハイブリッド型図書館に転換するうえで専門性を有した人材が必要なことは明確である。日本図書館協会が始めた認定司書は100名を超えたが、各地で存在感を示す萌芽となりつつも、希望の地で働けず力量を発揮できないという嘆きも聞く。今後、更に認定司書が多く育成され、行財政を変える機動力となることを心から願う。

6　本と図書館

（1）本に出会うことで運命は変わるのか？
　①「運命は変えられる」―元プロボクサー・坂本博之の場合―
　　2017年3月12日の宮崎日日新聞1面は、宮崎県でトークショーを行った坂本博之氏の記事であった[*22]。家庭で虐待を受け、児童養護施設で育った元プロボクサーが、ボクシングに出会うきっかけが紹介されている。小学3年の時、施設の食堂のテレビでボクシングと出会った。ジムに通うお金も環境もなかった。しかし諦めきれなかった坂本は、園内を毎朝走り、腹筋で体を鍛え、図書館で本を借りてボクシング用語を勉強したのである。その後プロボク

サーとなった坂本は、東洋太平洋ライト級王座を獲得。世界ランキングは、最高でWBCライト級1位まで昇りつめた。

②「施設の新聞で字を覚えた少女」が絞り出す歌─歌人・
　鳥居の場合─

2017年9月25日の東洋経済オンライン記事は、セーラー服歌人「鳥居」の経歴を紹介している[23]。鳥居は母の自殺により児童養護施設で育ち、施設での虐待を経験している。壮絶ともいえる過酷な環境のなかでの救いが、新聞を読むことだった。小学校にもまともに通えなかった鳥居には、わからない言葉や字がたくさんある。その度に辞書を引き、少しずつ覚えていった。虐待を逃れ辿り着いたDVシェルター施設の近くの図書館に置いてあった本が、鳥居の運命を大きく変えた。歌人・穂村弘さんの歌集『ラインマーカーズ』[24]だ。鳥居は初めて短歌と出会い、その面白さに衝撃を受ける。中でも、この一首を読んだ瞬間、たまらなく幸福な気持ちになった。

「体温計くわえて窓に額つけ「ゆひら」とさわぐ雪のことかよ」

その後、鳥居は歌人として類まれなる才能を開花させ、短歌界で最も歴史ある「第61回現代歌人協会賞」を受賞している。

施設で育ったふたりは、幼少期から相対的貧困層に位置しており、貧困の連鎖に陥る要因を持っていた。だが、坂

本の場合はボクシング、鳥居の場合は活字の魅力がきっかけで、図書館に通う行動につながっていく。そこで彼らは独学で学びを深めてゆくのだが、ここに図書館があり、「資料提供」を行う環境があったことが重要である。このことは、今後の支援体制がいかにあるべきかを考える足掛かりになるのではないか。

　もし、図書館と施設との連携がこの時にあれば、子供のうちに現状を変えることができたかもしれない。ふたりの場合は幸いにして、自ら図書館に出向き本と出会うことができたが、自ら動き出せない排除状態にある子供たちも多くいる。だが図書館は、支援できる環境を作ることができる。それは基本的人権である「知る自由」を保障し、貧困の連鎖を断ち切ることにつながる。

　坂本は現在、児童養護施設で生活する子供達を支援する「こころの青空基金」活動を、鳥居は義務教育の学びなおしについての啓発活動を続けている。ふたりは自らの経験を通して、経済的支援・低学力の問題に取り組んでいる。

（2）公共図書館がセーフティー機関となるために
　「すべての段階における正規の教育とともに、個別教育と独習による教育の両方に支援を与えること。」『IFLA UNESCO 公共図書館宣言』[*25]
　公共図書館はすべての人々に対しての教育を支援するために、多様な知識を提供する施設である。人々は生涯を通じて、

教育を必要としており、学ぶことで生きるための支えを見出すのである。

　鳥居は「生きづらさ」をあげているが、これは今まで述べてきた「貧困」を抱える層が、一様に感じている問題である。公共図書館が機能を発揮することは、この「生きづらさ」を発見し、解消（和らげる）することである。図書館は直接的支援である資料提供と他機関と連携する間接的支援で、「生きやすい」社会をつくる可能性を秘めている。

　DV シェルターから出て里親の元での生活したあと、鳥居はホームレス生活も経験している。資料提供は短歌と出会うという直接的支援として影響を及ぼした。しかし、図書館は未だ間接的支援につながる環境をつくれていないのではないか。図書館が、行財政や地域と密着した連携を行うことが、セーフティな地域コミュニティを形成するのである。

7　図書館が貧困と向き合うために

（1）豊かさとはなにか—多文化共生社会への移行—
　日本型社会ではムラ社会に代表されるような、閉鎖的なコミュニティへの依存から脱せない局面が多くみられる。おそらく図書館の状況も同様であろう。多文化共生社会を目指すなか、日本では未だ「個の自立」が困難な風土がある。

　これはコミュニケーションの場が、教育のなかで生み出しにくいことも一つの要因であろう。また、「ひきこもり」「つ

ながり強迫シンドローム」に代表されるような、疎外されることへの嫌悪感も根強い。ネガティブに表せば「逃げ場」、ポジティブには「自由な」コミュニティの場の創出を図書館が担うことはできないか？ そのためには、図書館自身が旧体制から一歩前へ踏み出し、自覚・自立した公共機関として機能するということが必須なのではないか。ここにおいて、運営が直営であるか指定管理であるかの垣根があってはならない。図書館が図書館として機能することが、セーフティな地域コミュニケーションを生み出し、ひいては貧困の連鎖を断ち切る一助になってほしいと切に願う。

おわりに

　非正規雇用として図書館で15年働いてきた。働く中で、図書館を深く愛するようになった。沈鬱な表情で図書館に来館する人々が、前を向き未来を描き図書館を出ていく姿が、私の心の支えとなり、人生の夢になった。

　私自身が10代、大きな病や不登校で地域コミュニティや社会とは疎遠だった。あの時から通いだした図書館。そして社会人になった今も図書館に通い続け、私の人生は間違いなく、あの頃より豊かになった。優秀な学歴も経歴も持ちあわせてはいないが、生きることをもっと楽しみたいと思えるようになり、また同じような「生きづらさ」を抱えている人々を支援し、社会貢献できるようになることが夢となった。司書として働き、公共図書館をより強く機能させることで、社

会の課題に向き合い、より多くの人に「本」という種子がこぼれおち、いずれ花が咲き、地域社会全体に広がってゆくことを望んでいる。

　バシル・チェンバレンは「日本には貧乏人はいるけれど、貧困は存在しない」と語った[*26]。かつて日本人は、貧乏であっても、心豊かに生きる知恵があった。それを過ぎし日の面影にしないよう、新たな日本の図書館や図書館員たちを育くむために、これからも研鑽を重ねたい。

【参考文献】

＊１　厚生労働省「貧困率の状況」『国民生活基礎調査の概況』2016 年、p.15

＊２　戸室健作「近年における都道府県別貧困率の推移について ―ワーキングプアを中心に」『山形大学紀要（社会科学）』第 43 巻第 2 号、2013 年、p.44-46

＊３　連合総合開発研究所「基礎クロス集計表」『第 2 回非正規労働者の働き方・意識に関する実態調査』2016 年、p.3-5

＊４　戸室健作「都道府県別の貧困率、ワーキングプア率、子供の貧困率、捕捉率の検討」『山形大学人文学部研究年報』第 13 号、2016 年、p.33-53

＊５　きょうされん「障害のある人の地域生活実態調査の結果報告」2016 年　http://www.kyosaren.or.jp/investigation/260/（最終閲覧日 2017 年 10 月 1 日）

＊６　厚生労働省「国民生活基礎調査」 https://www.mhlw.go.jp/toukei/list/20-21.html（最終閲覧日 2017 年 10 月 1 日）

＊７　東京大学大学院教育学研究科 大学経営・政策センター『高

校生の進路追跡調査第 1 次報告書』2007 年、p.69

＊8　厚生労働省「平成 26 年就業形態の多様化に関する総合調査」
2014 年　https://www.mhlw.go.jp/toukei/itiran/roudou/koyou/
keitai（最終閲覧日 2017 年 10 月 1 日）

＊9　文部科学省「お茶の水女子大学委託研究」2008 年

＊10　滋賀大学大川ゼミ（吉本班）「国際比較からみる日本の雇用の
今後」2009 年、p.5-6　https://www.west-univ.com/library/2009/
09_koku01.pdf（最終閲覧日 2017 年 10 月 1 日）

＊11　西垣千春「高齢者の生活困窮の原因分析に基づく予防対策の開
発に関する研究」2009 年、p.2-3　http://www.nihonseimei-zaidan.
or.jp/kourei/pdf/19/nishigaki.pdf（最終閲覧日 2017 年 10 月 1 日）

＊12　『中小都市における公共図書館の運営』日本図書館協会、1973
年

＊13　『市民の図書館』日本図書館協会、1976 年

＊14　『図書館による町村ルネサンス L プラン 21』日本図書館協会、
2001 年

＊15　『公共図書館経年変化』日本図書館協会、2016 年

＊16　厚生労働省社会的排除リスク調査チーム「社会的排除にいたるプロセ
ス」2012 年　https://www.mhlw.go.jp/stf/shingi/2r9852000002kvtw-
att/2r9852000002kw5m.pdf（最終閲覧日 2017 年 10 月 1 日）

＊17　寄藤昴「公共図書館の利用者調査−コミュニティ分析を目指し
て」『論文図書館学研究の歩み第 6 集図書館利用者調査の方法と問題
点』日外アソシエーツ、1986 年、p.63

＊18　竹内悊編『講座　図書館の理論と実践 8　コミュニティと図書
館』雄山閣、1995 年

＊19　山口真也「漫画作品における大学図書館員のイメージ 〜『図
書館の自由』を中心に 〜」平成 14 年度沖縄県大学図書館協議会、
2002 年

＊20　「変わる知の拠点」東京新聞、2013 年 9 月 9 日〜 2013 年 12

月 16 日連載

＊21　永田公彦「正規雇用 9 割のフランスと非正規 4 割の日本は何が違うのか」ダイヤモンド・オンライン、2016 年 http://diamond.jp/articles/-/91321? page=4 (最終閲覧日 2017 年 10 月 1 日)

＊22　高見公子「運命変えられる」宮崎日日新聞、2017 年 3 月 12 日、p.1

＊23　肥沼和之「施設の新聞で字を覚えた少女」が絞り出す歌―セーラー服の歌人・鳥居に共感が集まる理由―東洋経済オンライン、2017.9.25,http://toyokeizai.net/articles/-/189328
(最終閲覧日 2017 年 10 月 1 日)

＊24　種村弘『ラインマーカーズ』小学館、2003 年

＊25　クリスティー・クーンツ、バーバラ・グビン編『IFLA 公共図書館サービスガイドライン　第 2 版－理想の公共図書館サービスのために』 山本順一監訳、竹内ひとみ、松井祐次郎、佐藤久美子、奥田倫子、清水茉有子、粟津沙耶香、小林佳廉訳、日本図書館協会、2016 年、p.18-20

＊26　渡辺京二『逝きし世の面影』平凡社ライブラリー、2005 年

あ と が き

　本書は、『認定司書のたまてばこ〜あなたのまちのスーパー司書〜』（砂生絵里奈編著、郵研社、2017 年）、『素敵な司書の図書館めぐり〜しゃっぴいツアーのたまてばこ〜』（高野一枝編著、郵研社、2018 年）に続き、たまてばこシリーズとしては 3 作目、認定司書シリーズとしては 2 作目となります。

　1 年半ほど前、日本図書館協会（以下、「日図協」）認定司書事業委員会の帰りに、大谷康晴先生と松本直樹先生（慶應義塾大学准教授）にこの本のことを相談したところ、単に論文を羅列するだけでは読者も飽きてしまうので、書いた人の体験談や、座談会などが入ると読みやすいのでは？　とアドバイスをいただきました。

　また、イラストレーターのフルタハナコさんには企画当初から相談にのっていただき、図書館だけでなく、書店の資格コーナーにも並べてもらえる本を目指すことになりました。

そして、フルタさんに見せていただいたイラスト原案から、誰でもわかるマニュアルページを作るというアイデアがひらめきました。

体験談の執筆をお願いするにあたっては、ここ1、2年で認定司書になった方の中から、オリジナル論文で申請していて、Facebookでつながっている方に依頼しました。

座談会は、締め切りまで時間が無かったので、第20回図書館総合展（2018）でたまたま会った認定司書の方に声をかけて集まっていただきました。結果、話が上手で個性的なメンバーを集めることができました。

論文指南は、認定司書の論文のみならず、仕事柄多くの論文を見てきた大谷先生にお願いしました。さすが、大谷先生！全体を通して足りなかった部分を、見事にフォローしていただいたと思います。

また、執筆者のメッセンジャーグループで論文の提供をお願いしたところ、お二人の方が引き受けてくださいました。

高野一枝さんをはじめとした、しゃっぴいサロンの皆さんには、「校正まつり」と称したイベントで、膨大な校正にご協力いただきました。お陰で、つらい校正作業を楽しく済ませることができ、より良い本にするためのアドバイスをたくさんもらいました。

この本を書くきっかけとなった慶應義塾大学名誉教授の糸賀雅児先生には、ふたたび素晴らしい推薦文を書いていただ

きました。

　こうして、大勢の方々の協力を得て、この本を上梓することができました。

　作家の井上ひさし氏の名言に、「むずかしいことをやさしく、やさしいことをふかく、ふかいことをおもしろく、おもしろいことをまじめに、まじめなことをゆかいに、ゆかいなことをいっそうゆかいに」『the 座』(14 号、こまつ座、1989 年 9 月、p.16-17)という言葉があります。これは、私の大好きな言葉なのですが、この本もまさに「むずかしいことをやさしく」「まじめなことをゆかいに」伝えることに成功したのでは!?　とひそかにほくそ笑んでいます。

　おわりに、なかなか進まない企画を温かく見守り、ここまで導いてくださった、郵研社社長の登坂和雄さんに心から感謝を申し上げます。

2019 年 4 月吉日

　　　　　　　　　　編著者　砂生絵里奈

編著者プロフィール

砂生 絵里奈（さそう・えりな）

東京都生まれ。鶴ヶ島市に入職後、異動を繰り返しながら鶴ヶ島市立図書館に16年間勤務。現在は鶴ヶ島市教育委員会生涯学習スポーツ課で指定管理者が運営する図書館の管理と、小・中学校司書の労務管理、研修を担当。
　市内9か所にある「つるがしまどこでもまちライブラリー」をコーディネート。本を介した地域交流を目指している。日本図書館協会認定司書第1060号。編著に『認定司書のたまてばこ』（郵研社、2017年）がある。

イラスト
フルタ ハナコ

キャラクター作家・イラストレーター
武蔵野美術大学卒業後、ゲーム会社勤務を経て
2006年よりフリーランスのイラストレーターとして独立。
2012年より埼玉県鶴ヶ島市在住。
2人の子どもの子育てをする中で地元をもっと楽しくする仕事に携わりたいと思い「つるがしまどこでもまちライブラリー」看板イラストを制作。
'イラストでできる楽しいこと'を考え、見ているだけで笑顔になるような作品づくりを心がけている。

認定司書論文のたまてばこ
～図書館論文がスラスラ書ける！～

2019 年 6 月 15 日　初版第 1 刷発行

編　者　砂生　絵里奈　ⓒ SASOU　Erina
発行者　登坂　和雄
発行所　株式会社　郵研社
　　　　〒 106-0041　東京都港区麻布台 3-4-11
　　　　電話（03）3584-0878　FAX（03）3584-0797
　　　　ホームページ http://www.yukensha.co.jp
印　刷　モリモト印刷株式会社

ISBN978-4-907126-24-7　C0095
2019　Printed in Japan
乱丁・落丁本はお取り替えいたします。

●●●●● **好評既刊** ●●●●●

認定司書のたまてばこ
～あなたのまちのスーパー司書～

全国で活躍中の強者司書たち。
その豊富な経験の「たまてばこ」
の中身を初公開！

Ⅰ　まちを変える認定司書！
Ⅱ　空飛ぶ認定司書！
Ⅲ　私たち、本を愛しています！

好評発売中

砂生絵里奈 編著　　定価：本体1500円＋税

すてきな司書の図書館めぐり
～しゃっぴいツアーのたまてばこ～

◆フィクションで描かれることの多いステレオタイプな司書とは一線を画した好奇心旺盛な図書館員・図書館人の独特の世界を公開！
◆図書館関係者に限らず、一般の方々にも広く知っていただくには最適な一冊！

二刷！発売中

◆訪問先図書館等 48 館を紹介！

高野一枝 編著　　定価：本体1800円＋税

郵研社の本 YUKENSHA

※書店にない場合は、小社に直接お問い合わせください